你拿什么养老

高得诚 著
고득성
金海英 译

中国出版集团
東方出版中心

图书在版编目（CIP）数据

你拿什么养老 /（韩）高得诚著； 金海英译. 一上海：东方出版中心, 2023.9
ISBN 978-7-5473-2260-4

Ⅰ. ①你… Ⅱ. ①高… ②金… Ⅲ. ①投资－基本知识 Ⅳ. ①F830.59

中国国家版本馆CIP数据核字（2023）第148750号

你拿什么养老

著　　者　高得诚
译　　者　金海英
责任编辑　王欢欢
封面设计　今亮後聲 HOPESOUND 2580590616@qq.com · 小九　白今

出 版 人　陈义望
出版发行　东方出版中心
地　　址　上海市仙霞路345号
邮政编码　200336
电　　话　021-62417400
印 刷 者　上海颛辉印刷厂有限公司

开　　本　890mm × 1240mm　1/32
印　　张　8.625
字　　数　148千字
版　　次　2023年11月第1版
印　　次　2023年11月第1次印刷
定　　价　48.00元

目　录

01 如何思考金钱：
向资产数千亿的资产家学习金钱和人生的课堂

02 金钱和人生的规划：
要想避免修修补补过日子，就要管理家庭财产

I

第一部　如何思考金钱：

向资产数千亿的资产家学习金钱和人生的课堂

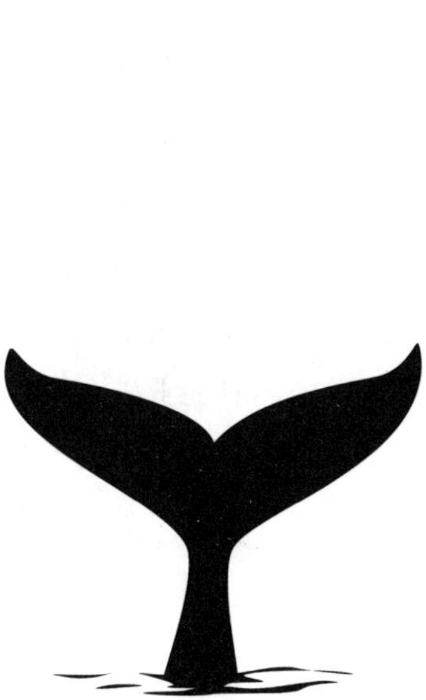

管理好金钱，意味着对金钱负起责任，

不让金钱在你的人生中站到太高的位置。

机　会

金钱是好的仆人，但也是刻薄的主人

20世纪90年代后期，随着国际货币基金组织（IMF）金融危机的结束，超过10%的利率跌落到个位数，房价触底。而当时的我在别人羡慕的公司为屈指可数的知名客户工作，外表看上去过着舒适的经济生活。

但实际上内心深处，我是急切地想找到赚钱的公式。当时，我是一名30多岁的上班族，也是两个儿子的父亲，挣到的钱要花的地方实在太多了。

然而，别说是攒钱了，反而是隔三岔五地会遇到意外需要额外支出费用。我好不容易凑了几百万韩元投资的半导体企业破产消失了，于是卖掉了两居室的小房子换到更大面积的全租房（全租房是韩国的一种租房方式），几年后我卖掉的房子竟然价格翻了一倍，把我给气坏了。我一直跟着钱走，但是钱却没有到我这里来。

之后，我邂逅过几次改变我人生的机会。我跟着拥有数千亿资产的富人们学到了人生的价值和金钱的意义。我将他们视为我生命中伟大而富有的导师，而不是客户。

我的工作本来是要经营他们的钱，但是遇到了他们之后，反而是我自己获得了成长。我花了很短的时间做出了将资金投入股票或基金的决定，却花了大部分时间去倾听他们讲述关于人生和金钱的意义的故事。有时，甚至要花上4个多小时听他们的故事。

这些都是有钱也听不到的课程，而我非常幸运地拿着咨询费听到了宝贵的课程。

你对金钱抱着什么样的信念

我总发愁攒不下钱，有一次还为此问过一个有钱的顾客。“人能不能不为钱发愁呢？不管是钱少的人还是钱多的人，都在为钱发愁。这世上要是没有钱该多好啊，那就不用为钱发愁了。”

“哈哈。你的逻辑是钱只要消失了，就能够让我们摆脱金钱的烦恼，是吗？金钱是人生中必不可少的。再说，你的眼神看上去就很需要钱啊，不是吗？其实，金钱就是把你的创造力产生的结果量化而得来的。举个例子好不好？一个扁扁的钱包，实际上会使人的心情变得沉甸甸。金钱虽然不是人生的全部，但是，一旦你认为金钱不重要，那么你就再也摆脱不了金钱的烦恼了。”

突然，他开始在一张纸上写东西。

“金钱是好的仆人，但也是刻薄的主人。”“金钱像双面神亚努斯一样有两面性啊，既像仆人又像主人。”“年轻时候没有重视金钱的人，年纪大了以后金钱在他人生中的地位就会更高。歌德也说过。”“一个人的性格，通过他嘲笑什么最能体现出来。”

对一个擅长管理金钱的人而言，金钱是丰富他们人生的仆人，然而，对于一个逃避财务责任的人而言，金钱会变成十分残酷的主人。因此，可以说，管理好金钱，才是开启幸福人生的捷径。

“你说钱是好东西还是坏东西？”

“……”

我在银行工作了8年多，但是第一次有人问我金钱的价值。

“我的问题是不是太直截了当，反而难回答啊？不用想那么复杂。想想你之前所经历的事情，你对金钱抱着什么样的信念的，我问你。”

“我认为金钱是必不可少的，但是它也会使人陷入不幸。金钱的多与少，造成了人与人之间的阶级、纷争和仇恨啊，不是吗？说实话，关于金钱，我几乎没有什么幸福的回忆。”

从小到现在，钱总是给我带来问题，我始终认为我之所以不幸都是因为钱，正因如此，我对金钱是没办法抱有好感的。

“看来你对金钱有不好的回忆啊。”有时候因为那些回忆，听到“钱”这个词，我也会感到不舒服。所以，面对现实中的金钱问题，人们选择消极逃避，而不是积极应对。

就这样，在自己不知情的情况下，他这辈子都深陷在金钱的问题中，金钱在他的人生中占据了过大的比重。这时候，金钱就成了人的主人。

划出财务限制，只会增加借口

“金钱成为我们的主人，是什么意思呢？”

此时，我作为私人银行家（PB，Private banker）的骄傲已消失，我们不是“客户与PB”，而是建立了“导师与学生”的关系。

“不是管理创造幸福人生而需要钱，而是只为赚钱而工作，这是一种防御性生活，也就是我们说的被金钱所俘虏的生活。

“这种情况下，人会把他所处的环境当作命运来接受，这种人生只会变得越来越被动。你知道对金钱持被动态度、抱有宿命论观点的人，有什么特点吗?”

这个故事刺痛了我的心。曾经抱着积极主动的心态去追求未来无穷无尽机会的我，此时因为经历了失败的股票投资，抱着对已出售房子的不甘和留恋，心中全是不满和怨气。

“对金钱消极的人总会给自己在财务上划出限制。这样，就无法走到分界线外了，只会安于现状。

“对于收入，他们会认为，‘无论怎么努力，我也无法挣到更多’，然而，对于支出，又认为，‘这点都不花，还怎么活啊’，为自己不善理财找借口。怎么样？我说的，你认同吗?”

“您的意思是，让我管理好金钱，是吧？其实我内心始终有矛盾。我总觉得，我的信仰告诉我应该远离金钱。所以，虽然内心渴望拥有金钱，但没有去积极地管理它，更多的时候放之任之。”

“管理好金钱，是指让你对金钱负责任，不要让金钱在你的人生中占据过于重要的地位。

“一个人越是缺钱，越是处于困境，金钱在他们生活中的影响力就会越大。虽不情愿，但还是不自觉地会选择变为金钱的奴隶。”

导师强调了选择这个词。他还加了一句，要想过上有品位、有坚持的人生，当前的选择很重要，与其去关注复杂的表象，还不如集中精力做好有原则的选择。

就像两条线一开始从零出发，以一定角度扩大，不久它们之间的差距会越来越大，而在人生中，金钱也是一样的道理。因金钱而产生巨大差距的瞬间，其实就是眼下，我做出选择的这一瞬间。

我突然有了一个疑问。当我弄懂了陷入财务困境的原因，那么是不是能够找到避免陷入财务困境的方法呢？

选　择

财务管理如同下围棋

一个月后，我的富人导师又来找我续存定期存款，当我问到如何避免陷入财务困境时，他态度坚决地回答我说。“你有没有听过这样一句话，‘没有哪一种人生不是我们自己造成的’？我们现在的财务状况是我们自己选择的，我们现在拥有的正是我们当时认为我们的需求如此而做的选择。你必须意识到这个事实。”

看着比我大15岁的导师坚定的眼神，我不由得紧张，但还是鼓足勇气回答道：“任何人都希望自己未来的财务状况能够好。谁会愿意选择贫穷呢？我想要幸福。我希望能够拥有很多。”

“哈哈。你说话真像个孩子。如果你真的‘很希望’，那么必须要区分一点，愿望和选择是不同的。任何人渴望的东西，说到底其实无太大差别，这只是‘渴望’而已。经历财务困难的人大多数是因为做出了违背自己愿望的选择，所以才会拿到现在的成绩单。也就是说你现在的财务状况，是你迄今为止所做的许许多多选择的结果的组合。”

我不禁为自己毫无保留地袒露内心想法而感到羞愧。要知道导师毕竟是购买我产品的客户，而我过于诚实地讲述了我内心所有想法。

没有哪一种人生不是自己创造的，没有哪一种财务成绩单不是自己选择的

“在人生中，财务管理就如同下围棋。如果把我们挣的钱看作围棋，那么我们每天考虑把挣的钱花在哪里的行为就像围棋中的布局一样。钱花在何处，或者要不要存钱，这些都是我们每天面对的无数个选择中的一个。

“有的人因为没有远见，而做出了错误的选择，有的人具有高手般的慧眼，做出了人生中所需要的选择。胜负取决于你每天面临选择时选择了什么。”

“我想到一句话，‘一个选择决定十年’。”

“别说十年了，甚至可以左右一生呢。经济方面选择的结果可以量化，任何人都可以轻易地做出评估。金钱可以衡量我们所投入的时间、努力、经验、健康和人格等，当然了，这种衡量标准不能说是百分之百精准。你自己的失败经

验不也是以数字的形式留在记忆里吗？”

我想起因自己太急切地转手那套房子而吃亏的经历。那套房子卖掉后，过了三年，房价涨到了原来的两倍。

“哎呀，想起来了，痛苦的回忆都化作一串串数字了。那我应该怎么选择呢？”

“重要的是理解选择的过程。仔细检查这个过程，你就能理解支出为什么多于收入，买股票为什么在高价买入，为什么会形成经济泡沫。

“人们做出选择的依据是自己所信任的东西。所谓信任，就是相信某种客体是事实，这就是信念，这些信任聚在一起，形成了一种态度，人们通过这种态度，做出最后的选择[1]。

“这种信念和态度，有时候也会被称为‘心情’或‘思想’，有时候还会被词语‘心理’所替代。究竟是什么影响着我们的心情和思想呢？

“我们来举个例子吧。假设有一辆车你非常想买，但是以你现在的财务状况是买不起的。这时候，什么样的信息会影响到你呢？”

“分期购买信息，或者是我未来可以领取的奖金，或者是已经购买这辆车的消费者的经验之谈等等吧？”那时我痴迷于汽车，所以张口就回答了这个问题。

“看来你是真的有心仪的车啊。你满脑子都是想买车，张口说的都是有关购买汽车的信息。这就是人，眼前看到了好东西，存款计划马上就丢到脑后了。

“你本来还有存款计划，为了晚年、为了子女存款的计划。你对存款抱有美好的想法，也一直实践了这个计划，可是当你突然想起新车时，你陷入了混乱。

“过去的态度和新的信息处于对峙时，我们心中就会发生一番争斗。这时候如果跟着新的信息，不管三七二十一买了新车，你会产生什么样的心理反应呢？[2]”“不知道啊。没有想过这个问题。不过，既然已经买了，那就不去后悔了吧，再次开始存款，或者努力还清分期贷款吧！”我老老实实地把自己沉浸在车辆上的感受说了出来。

“用专业术语来说，这就叫‘认知失调’。为了突然做出的选择，改变过去的态度（心情和思想）。你为了买车，会这样想：‘眼下经济拮据，但是买了这辆车之后能够提高效率啊。我很早就需要这辆车了。’

“这时你就会彻底改变自己的态度，选择性地信息搜索[3]。这种认知失调的现象，在做出和金钱相关的选择时经常发生。那么你为什么不能真正实践当初的承诺或信念呢？怎么会被无关的信息打动呢？”

如果不训练你软弱的心理，你就会被金钱欺骗、为金钱哭泣

“我们的思维系统，大体分为自动系统（直觉等）和深思熟虑系统。其中，引发问题的是自动系统。自动系统的优

点在于遇到某种信息可以毫不费力地即刻做出判断，十分神速，但是也有缺点，容易做出无心之举，引发大型事故。有的人说可以信赖直觉或直感，但这仅限于一部分个例，因为未经过训练的直觉很容易引起大灾难。我给你出一道题，你不要思考，马上回答看看是不是如此。笔记本和圆珠笔总价是11 000韩元，笔记本的价格比圆珠笔贵10 000韩元。[1]那圆珠笔的价格是多少钱啊？”

“不是1 000韩元吗？”

“我过去也回答的是1 000韩元，但是错了。其实仔细想想就能知道为什么。人的自动系统是靠直觉的，很难信任，而且不合理，所以才会说出错误的答案。当然，也有人能瞬间给出正确答案，那都是自动系统经过了数学方面训练的人。”我有注册会计师资格证，一向对数字很有自信的，却做错了这么简单的一道数学题，我为此感到难为情。其实稍微思考一下，就能想到‘1 000韩元（圆珠笔）+ 11 000韩元（笔记本）= 12 000韩元’，所以1 000韩元不是正确答案。

“一个严重缺乏训练的业余高尔夫球手打球，球会直线飞吗？我猜一半以上的情况是球都会被打弯。但是经过持续训练的专业高尔夫球手打出的球，就能飞得很完美。你要知道，我们的心理也是需要训练的。”

“人的心理系统真的很脆弱啊，而且也不可靠。”

1　2023年10月，1韩元 ≈ 0.005 4元。

“很多人没有训练金钱方面的自动心理系统，等他们后悔的时候就已经为时已晚了。他们常常会说：‘哎，当年挣钱的时候好好经营该多好，这样就不会陷入现在这般困境了。’‘我过去这么能挣钱啊！真后悔没有好好管理。’被金钱欺骗，为人生而哭泣的人，在我们周围很常见啊，是不是？**所谓‘被钱欺骗’，其实就是‘我受自己那软弱的心理系统影响，变得愚昧，被错误的观念和诱惑所欺骗’**。

“为了想要保护自己的人生，必须训练我们内在的自动系统，否则，在懒惰拖延、反复误判和犯错中虚度年华，最终只会后悔。人生没有无因之果。当潜伏在你周围的诱惑和粗心的选择相遇时，就会有大型灾难发生，你的晚年会因此过得非常悲惨。”

“真是让人沮丧啊，那应该怎么办呢？”

“如果你的天性和直觉还不够强大到做出正确的选择，那么就要重新设计自己的选择，以彻底避开诱惑。我希望你不要在年轻时虚度华丽的全盛期后，为过去而悔恨。”

富人导师的这番话深深地打动了我。我意识到要想创造真正有价值的人生，就必须要做好明智的财务管理。

诱 惑

不想被金钱所左右，就要克服三个诱惑

“什么是诱惑？诱惑就是能够‘刺激和调动我直觉和情感的东西’。诱惑会让我们偏离我们想走的路。让我们忘掉我们想要的人生、想要保护的人生，去执着于非核心的东西。这就是诱惑。

“如果我们在诱惑中摇摆不定，未能做出正确的选择，那么金钱离开我们的双手后，到了晚年会以苦涩的痛苦回到我们身边。”

富人导师给我讲希腊神话故事，解释了我们要小心诱惑。“奥德修斯以绝妙的战略赢得了拖了足有十年的特洛伊战争的胜利，踏上了艰险的归家之路。他知道这一路会遇到来自海妖塞壬的巨大诱惑，那远比海上无数个暗礁和汹涌的波涛要危险。他早就听说过曾经有无数船员因在海上听到美丽的海妖塞壬的歌声而丧生。那么，面对轻松夺走船员灵魂，将其置于死地的塞壬的诱惑，奥德修斯又做出了什么样的选择呢？换作是你，你会怎么做？”

我从来没有思考过希腊神话故事的意义所在，只好摇摇头。

“奥德修斯用蜜蜡塞住了所有船员的耳朵，不让任何人听到塞壬的歌声，还命令人把自己绑在桅杆上，因为他内心也是渴望听到塞壬的歌声的。但是他知道一旦输给诱惑，就再也无法控制了，所以才令人固定住了自己的身体。他不相信自己，所以做出了明智的选择，用了蜜蜡和绳子这两个选项，十分巧妙地躲过了致命诱惑。奥德修斯是强行控制了轻易被感情所左右的心理系统，以免输给诱惑。”

听到富人导师的解释，我不禁用力拍了一下膝盖。前几天，我是连那么简单的一道数学题都做错了，而奥德修斯呢，却能够用明智的选择控制住自己的心理，实在是太伟大了。

金钱应该成为
保护人生的坚固栅栏

“我们把奥德修斯的选择用在财务管理上怎么样呢？首先，我们来看看财务管理方面，都潜伏着什么样的诱惑吧。

就像塞壬的诱惑一样，我们的财务管理也是在不断受到各种诱惑。如果你没有像奥德修斯那样做出明智的应对，只是把自己交给流逝的时间，听之任之的话，不知不觉间就会沦为诱惑的羔羊，你的生活也会彻底毁掉。对财务的诱惑中有‘懒惰的诱惑’和‘过度消费的诱惑’‘高利润的诱惑’。可以说这三个是‘诱惑三件套’。”

这些年萦绕在我内心的声音原来就是这些诱惑向我发出的呼喊，我点了点头。我还想起自己幻想一日暴富而尝过失败的事情。

“我曾经陷入高收入的诱惑。我有两个年幼的儿子，花钱实在太多了，因此我非常渴望能挣到更多的钱，于是就花了数百万做了投资，希望能用它来挣到第一桶金，结果还是惨遭失败了。”

“千万不能小看高收入的诱惑。投资失败的理由中90%都是来自人们对高收入的幻想。人们过度自信，其实最根本的原因是没能抵抗高收入的甜蜜诱惑。

“过度自信会使人不惜负债也要做出过多的投资，还会把钱集中到一个项目、一个篮子里做投资。如果你现在借款负债做了股票投资，整天都为股票账号而七上八下的话，那么你现在已经身处危险境地，一定要更加注意啊。

“高收入的诱惑之所以特别危险，是因为它会通过熟人、大众媒体等以信息的形式接近我们。当我们对诱惑心动时，这些信息就会摇身变为有价值的知识，而且人总是会选择有利于自己的信息，因此，很容易过高评价这些信息。此时，这些隐秘的信息变身为‘只为我一人的有价值的投资’。”

“对啊，听了这种信息买的股票，往往一买就会暴跌。股票真的是吃人啊。搞笑的是，‘为什么我投资的是高点，卖的是低点’呢？”

我看到很多人因听到铺天盖地袭来的甜蜜信息兴奋不已，最终却流下痛苦的泪水。就像听到茫茫大海传来的塞壬的美妙歌声一般，这些人的脸上也有过一瞬间的期待之光，即便这些光转瞬即逝。

“都说人是一种会做出让后悔最小化的动物。因为人太惧怕后悔，所以会尽最大努力做出可以让自己少后悔的选择。不过，正是前面那种非理性的选择阻碍人做出正确的投资。

“过度消费的诱惑也是一样的。现代人使用信用卡，每月还信用卡的债，这已经成了现代人的日常，人们大概都忘记了之前没有信用卡的日子是怎么过的吧。我们可以说这样的人就是金钱的奴隶。

“就像奴隶的后人不知道什么是自由，人一旦成为金钱的奴隶，那么就不知道什么是摆脱了金钱的自由人生。

“现在，是时候找回真相了。像别人一样消费，花钱的那一瞬间，一定会让你心情激动。但是这种激动很快就会消失。这种心动的感觉不是真正的热情，而是虚假的。

“超过能力范围的消费行为，就像是酒后驾车一样。”

是的。就好像奥德修斯为了抵挡住塞壬的诱惑，用蜜蜡堵住船员们的耳朵，把自己绑在桅杆上一样，我们需要控制自动系统，以免被诱惑迷住，摒弃披着“常识”外衣的谎言。

为了守住自己的人生，必须学会明智地花钱。

焦　点

让你远离金钱的三个诱惑

“也许我也能”的甜蜜低语，
高收益的诱惑

可以在短时间内获得高收益——这种让我们心动的虚无缥缈的诱惑，这世上比比皆是。

我曾经看过一篇关于一个传销组织的报道，他们用一句“只需点击网络广告，就可以获得高额利润”招到了4万名会员，抢走了1 400亿韩元投资金[4]。知道被引来的大多数被害人是谁吗？正是一个新教会里经济困难的2 000多名牧师。该犯罪组织向新教会的2 000名牧师免费发放了账户，让30 000多名信徒注册成为会员。他们的诈骗方式是用新会员的钱支付给老会员，是空手套白狼的庞氏游戏（Ponzi Game）[5]。

即使是真的不知情，犯罪还是犯罪。即使出发点是好的，但心中一旦听到恶魔低语“高收益”，就会在一瞬间做出错误的选择，而引发灾难。当“高收益的诱惑”和“过度自信偏差”[6]同时奏效会发生什么？有统计表明，在线股票交易中四分之三以上是45岁以下的男性。越年轻的男性，在股票投资中越过分信任自己的判断能力，而且，随着网络和智能手机的普及，越来越多的年轻男性开始涉足股票投资。

这群人的基金周转率非常高，是网络证券公司的核心营销对象。他们一听到周围有人靠股票挣了钱，就被“也许我也能”的高收益诱惑所吸引，不由自主地沾上股票。

起初，他们想长期持有市场代表性蓝筹股，因而往往陷入题材股的泥潭。但是长期投资也只是一时而已，只要有了一点点收益，就会输给心中的恐惧，卖掉股票。

相反，对于已经出现损失的股票，抱着战战兢兢的心态却不舍得卖掉，最后被迫沦为长期投资人。大多数个人投资者很难通过投资个股获得成功的原因就是这一点。他们内心被高收益吸引，同时也抱着要避免损失的本能。

布莱德·巴伯（Brad Barber）教授和特伦斯·奥丁（Terrance Odean）教授研究了从1991年至1997年在证券公司开户的35 000个投资交易模式[7]。他们的研究表明，股票交易次数越频繁，收益率越低。此外，比较投资者卖掉的股票和持有的股票的收益率，就能发现假设他们不卖掉那些股票而是继续持有时，其收益率高于当前持有的股票的收益率。这意味着他们先卖掉的是应该持有的好股票。过于自信而进行频繁的交易，相当于已被高收益的诱惑迷中一大半了。这种人对金钱的渴望已经超过了实际需求。一心追随金钱的人，是否能获得真正的成功呢?

陷入高收益的幻想而惨遭失败的投资人，往往不愿意再做投资，他被过去的失败经历压得喘不上气来。自从他退出投资后，投资市场恢复了正常，股票市场开始复苏，这种情况让他内心更加苦不堪言。就在这个时候，要是有人劝他投资，他会发誓永不投资，甚至会发火。“我要是再投资，股票会不会又一次暴跌呢?”他的脑海中挥不去这种恐惧。这种状态就好像是一个人被相恋很久的结婚对象抛弃时所经历的不安。失恋的痛苦使得他心生恐惧心理，不敢再去结识新的异性。过去的痛苦经历，让他做出了能使后悔最小化的选择。但是，随着时间的流逝和年龄的增长，新的后悔又向他袭来。看到身边的朋友都在结婚，他就会想“这样下去，我是不是要一辈子单身呢?”新的恐惧占据了他的心理。

此时的他忘记了过去令他后悔的事，眼下他关注的是未来即将面对的后悔。于是，出于着急的心态，他选择了一个与自己的期待完全不同的配偶结婚。

投资也一样。投资上遭遇大失败的人，开始会说“我不投资，我不投资”，会变成一个更加保守的投资人。但是，一旦股票市场的上涨趋势持续下去，他就会想，“别人都在大把赚钱，是不是只有我一个人落在后面了啊”，心里的恐惧会逐渐增加。最后，为了减少自己的遗憾，又一次向股票投资伸出手。当我们这些平凡的人也开始心生贪念时，这个时机就是所谓的高点。

在所有的投资中，急躁和执念是走向跛行的捷径。他们往往把全部精力投入在投资赚钱上，以至于放弃了生计，已经处于迷失自我的状态。我见到的真正的有钱人根本不会急躁。他们对金钱的态度十分超然，甚至是冷酷。他们是拿闲钱去投资的，所以不会过多地去想着金钱。

成为债务奴隶的捷径，就是过度消费的诱惑

从30岁起，每月存款30万韩元坚持了30年的人，和从30岁起，每月分期还30万韩元车贷的人，他们的养老金会有多大差异呢？相差竟然有4亿多韩元。

每月存30万韩元的人，他的资产可以帮助他过上他想过的人生，而分期还车贷的人，都没有资产保护自己，30年后，还为维持生计而奔波。30年后，他们的人生数字差距只会逐渐拉大。

最近，随着信用卡公司的积极广告和各种营销折扣技巧的推出，以及信用卡营销人员的大幅度增加，经济活动人口中每个人所拥有的信用卡数量已经超过了4张。30多岁成年

人的钱包里会有几张信用卡呢？想想他们对信用卡的热爱，少说也得有3～4张吧。他们甚至随身携带专门的卡包，而且顾客动线也是紧紧跟随着信用卡公司所提供的积分累积点和折扣优惠的商业策略。

一个真正了解金钱原理的信用卡公司，会把你的支出变成公司的销售额，把你的分期付款购买当成是公司增加复利的机会。当然，信用卡公司完全是在充分的法律保护下进行公平公正的交易的。只是，如何要与他们进行交易，完全取决于你自己。

不光是信用卡的问题。分期付款、租赁、信用贷款等等以金融的名义出现的各种方式都在积极地刺激你最原始的消费欲望。电视购物、网络广告、分期付款、信用卡、负借贷都在鼓励不成熟的支出习惯成长，让你提前预支未来的收入，沦为金钱（债务）的奴隶。

几年前，正上小学的小儿子一边看电视一边一字不落地道出了电视里播放的各种贷款广告、保险广告、电视购物节目导购的台词，着实把我给惊呆了。我的小儿子都能倒背如流，可见这些内容重复次数之多，内容之刺激。后来，电视里开始播放最新型号的笔记本电脑广告，儿子心动了。“我朋友都有笔记本电脑”“没有笔记本电脑，怎么学习啊”，甚至催我“赶紧打电话啊”。他说现在没有笔记本电脑，就会落伍。

看着广告，我的大脑也受到了刺激。看着伴随快乐节奏的贷款广告，我不由得产生一种幻想，贷款公司会立即把我需要的钱汇入我的银行账户，电视广告中，“立即”“马上”等词让我心生焦虑。保险广告如果现在不立即加入，会不会在日后引发很大损失呢？

大众传媒采用了广告和植入式广告等巧妙的形式呼吁大众消费。通过电视、广播和报纸，长期重复地向消费者灌输某种特定理念，经过这番洗脑过程，使其成为社会的普遍观念。

不管当前的经济状况如何，媒体都在持续地发出一种刺激性信息，告诉你“必须拥有了漂亮的衣服、汽车、智能手机、健康产品等奢侈品，你的人生才会幸福”。而大众理所当然地将其作为一种普遍观念来接受。

就这样，错误的观念摇身一变成了真理，就连正常人也开始受到影响。以至于后来这些人会认为没有信用卡活不下去，没有分期付款无法消费，没有贷款交学费就上不起大学。

随着时间的推移，欠债的人和存款的人会站在截然不同的立场上。一直坚持存款的人，其净资产会不断增长，如果懂得运用复利的魔法，那么他的财产只会越来越多。而迷上过度消费诱惑的人，则会陷入逆向复利的沼泽，不得不把辛苦挣到的宝贵收入源源不断地送去还债。

有趣的是，我们挣的钱只能用一次。无论是存款、做投资享受其复利，还是继续负债累累，陷入逆向复利的泥潭，这些都取决于你自己的选择。

懒惰的诱惑，导致晚年的不幸

最大的诱惑来自懒惰，它让我们忘记了时间的力量。在给四十多岁和五十多岁的人讲课时，问他们“你认为到了晚年你会在子女或亲戚的帮助下生活吗?”他们都会异口同声地回答说“不会”。

他们坚信自己到了晚年绝对不需要子女的帮助。这就好比90%以上的驾驶者都过于自信自己的驾驶水平，认为“我的驾驶技术高于平均水平”，大家对自己的未来抱有不切实际的乐观态度。然而，现实中，根据韩国的统计，七十岁以上的老人中有一半以上，离不开子女或亲戚、国家的帮助，没有这些帮助他们便无法维持生计。大部分的人只会担心自己的晚年，但并不制订具体的计划，更不会立即付诸行动。他们陷入了智慧的所罗门所说的“再睡一会、再躺一会”的懒惰诱惑中，而无法将其摆脱掉。这种惰性是由安于现状的心理和无凭无据的乐观主义造成的，是由自我控制失败所引起的。令人意外的是，很多人更偏向于维持现状（Status Quo)。偏向维持现状是由经济学家保罗·萨缪尔森（Paul Samuelson）和泽克豪瑟（Zeckhouser）教授命名的术语，是指不选择带来变化的方案，而是固守现有的状态[8]。这是一种错误心理。十分类似于科学上的惯性，也类似于在稳定的职场上班的人们身上常见的安于现状的态度。偏向于维持现状的案例并不难找到。最近电子报纸十分普及，订购纸质报纸或杂志的人数骤减，因此杂志社通常会举办促销活动，订购一年就会赠送相当于一年订阅费用的奖品。

相当一部分人其实很想退订杂志，但只是因为拖延时间，到最后不得不自动延期继续订阅。杂志社之所以不惜赠送等于一年杂志订阅费的奖品而做这一笔生意，是因为，过了一年后，人们因为偏向于维持现状，会继续以全额费用订阅杂志。

像美国的401K计划（定额供款型企业养老金制度）等退休养老金制度中，一半以上的加入者加入时选择资产分配方案之后，再也没有变更过。股票一直在上下波动，他们却一直没有做出任何修改。就像是老年人的手机铃声，千篇一律都用手机厂商的出厂设置一样，他们选择维持现状。

根据美国达特茅斯学院的安娜玛丽亚·卢沙迪（Annamaria Lusardi）教授的研究，继续推迟养老计划的家庭存款远远少于已制订养老计划的家庭，存款少的家庭到了退休后经历的“令人惊掉下巴的不快的事”会多得多。这个调查看似理所当然，其实也是在警告我们，没有任何存款计划，不为未来做打算的人很容易掉进懒惰的陷阱。

计 划

管理金钱
绝对不能掉以轻心

我把过去一个月导师给我讲解的诱惑三件套进行了整理，回过头去反省自己过去的财务管理方式，不禁后悔万分。要是早了解这些诱惑，或许我的人生早就实现了翻天覆地的变化。

我是名PB（个人理财顾问），一直将金钱投资在波动性很高的股票或基金上。我被高收入诱惑迷住了。一味地埋头关注被炒得火热的股票市场，没能做到整体的投资设计，而把钱都放在一个篮子里。

“看完诱惑三件套，有何感想啊？现在明白要守住我们想要的人生为何这么难了吧？其实我们避免这些诱惑，做好选择，也能过好幸福的人生。通常，人们在做出某种选择时，会依赖于外界提供的初始信息，根据它来做出决定。某种初始信息一旦在人的脑海中，就很难摆脱。心理学中称其为‘沉锚效应’（Anchoring effect），是指就像船只在放下锚的地方长期滞留一样，最初获得的信息会作为锚影响人们做出决定。这种信息就像是第一次印象，给人留下强烈的印象，发挥着类似标准点的作用。”

“沉锚效应啊，这个比喻可真形象啊。”

“如果我们能够处理好内心的锚，那么生活中很多问题都能迎刃而解了。比如一个很有才华的销售人员离职后，见到要入职的新公司的上司协商薪水，他在内心一定是期待着在之前年薪的基础上增加20%～30%。如果一个人懂得沉锚效应的影响，那么他会大胆地先提出自己想要的薪金，在即将进行的谈判中先以气势压住对方。

“然而，大多数求职者会因为担心公司认为自己太在乎钱，对自己产生负面看法等等，希望能把自己的想法和其他信息做个比较，因此就会犹豫于是否先提出薪金。这时候，公司先提出薪金的话，会怎么样？这时候，你的年薪上限就已经定下来了。锚一旦放下来，就会成为标准，很难在心理上逾越。

“如果你觉得公司的提案和自己的相差太大，还不如果断起身离开，而不是在公司提议的金额范围内烦恼。这种强大的沉锚效应，经常出现在和金钱有关的交易中。”[9]

“金钱可以量化，应该容易观察到吧。”

“是啊。**正是那些和金钱有关的第一次不愉快的经验、**

错误的建议、不适合自己的信息等等纠缠在一起，致使人陷入诱惑的水深火热之中。

“推迟存款的理由不止一个。让人说出不能存钱的理由时，人们总会用各种各样的‘因为……’作为借口。”

诱惑和粗心的相遇，
就成了人生的陷阱

我常去给人讲理财课，经常能够听到有人抱怨自己不存钱或存不下钱。我遇到过的最荒唐的例子之一是有一位宗教人士听完我的课之后问我：“为什么要存钱呢？上帝知道我们要花多少，他会供应我们所需要的一切，所以我从来不会存钱。”

站在讲台上的我，心想“问的简直是一句废话”，笑笑便过去了。但下课后，那位学生又特意来找我，强调说“我不存款的原因是我的信仰”。我意识到这是一个不容忽视的问题。我从他的话中发现了可怕的懒惰，正是这种懒惰会让人陷入只求安逸不愿改变的境况当中。

他在拼命寻找一个不用存钱的理由，而懒惰的诱惑在他的内心放下了锚（或许他已经是那种超过我的想象的高手了）。[10] 落在一个人的信仰体系中的锚是最令人头疼的。人们对金钱的态度是基于信念形成的，而态度引导人做出选择。前面说的那位宗教人士在固守着一个不寻常的信仰体

系，并基于此做出了不储蓄的选择。在一次聚会中，我听到有人说“每月不用信用卡花个200～300万韩元，还怎么活呀？大家都差不多吧！”对这个而言，200～300万韩元已经成了一种参照点，最初的储蓄动力已消失，他再也无法逃脱消费的诱惑。高收入的诱惑会通过熟人、大众媒体等，以信息的形式停泊在你的心灵和思想中（试图放下锚），让你不惜负债涉足投资，在一个项目、一个篮子里集中投资。

“怎么才能摆脱围绕金钱的锚的问题呢？怎么才能有效控制自己的心灵，摆脱金钱的烦恼呢？”

“在管理金钱时，不可轻视诱惑。我再说一遍，当诱惑和粗心的选择相遇，就会有灾难发生。

“在理财方面，一旦在人们心中放下了一个锚，它会作为人生的锚一辈子起作用，即便这个锚是错误的。这时候，一定要果断地把它处理掉。要彻底改变之前的消费、存款的方式。

“如果存钱的目的不明确，就要以目的为中心制订财务计划；如果信用卡支出太多，就要明智地减少支出；如果你习惯于集中投资，那么就要设计多韩元化的投资组合来管理风险。一句话，要制定理财纪律（Make discipline），重新设计强有力的选择。

“纪律是新的好锚，可以逆向利用沉锚效应。先放下好的锚，那么诱惑的锚自然就少了立足之地。”

幸　福

金钱本身，价值完全中立

有一天，我的富人导师邀请我去他家。导师的家位于汉南洞，光是院子大概超过了200坪（10坪=3.305 7平方米）。整齐的树木和绿油油的草坪，似乎很好地呈现了导师的性格。

富人导师带我去了他的书房。书房左侧角落，书架上整整齐齐地摆放着数百本图书，导师站在书架前，吹了吹书上的灰尘，说了一句："我们沾上了太多的灰尘。首先得除尘！为了不被诱惑迷住，设计财务，首先要做的就是把乱成一团的心整理一下。换句话讲，我们要对金钱持有正确的观点！金融市场稳定，做什么投资都能顺利的时代，任何人都可以享受到高额回报。但是，当市场调整，低利率持续，导致损失越来越大时，利润只会流向拥有正确观点的人。还记得我之前说的那句，'金钱是一个好的仆人，但也是一个刻薄的主人’吗？”

“我记得很清楚，会长，当时我还说我对钱抱有不好的感情。后来跟着您学了好多啊。”

过去的三个月，我和富人导师通过对话和交流，体会了对财务自由的渴望。我发现善良的富人还是挺多的，我也认清了自己内心脆弱到很容易陷入诱惑。

用钱可以买到大房子，
但买不到幸福的家庭

“**为什么很多人不承认钱的中立性，且陷入偏见呢？因为他们看的不是金钱本身，而是把钱放在主观的框架内进行解释。**相当一部分人很想变得有钱，变得幸福，但是却看不得别人有钱，甚至是讨厌有钱人。一句话，他们是用双重标准看待金钱的。我有钱能幸福，别人有钱就会不幸。如果一个人很难摆脱这种观念，那么一辈子都很难摆脱金钱的烦恼。因为诱惑专门吸引的就是这种人。”

是的！正如导师所说，金钱本身并不带来幸福或不幸，是我持有的观点做出了这样的解释而已。

“尤其是有‘我想有很多钱，可挣了钱的有钱人很惹人讨厌’这种双重标准，一定要多加小心。人们会按照信念体系（思维框架）决定期望水平。对金钱抱有双重标准的人，很难积极地期待自己会因为钱而发生好事。

“如果你用双重标准看待金钱，就会失去富足的、创造性的财富、溢出的幸福、给予的喜悦，思绪也会变得混乱。然后，在工作中会变得在乎胜负，对钱带有执念，对命运持有宿命论，无法超越界限。”

“会长，您说得对。我也觉得应该用中立的态度看待金钱。不过，前几天我看了一份调查资料，说是44%的高中生回答说要是能拿到10亿韩元，那可以接受犯罪后入狱的结果。[11]更让人吃惊的是，年纪越大，这个比例越大。金钱本身并不左右幸福，对于幸福而言，金钱的价值是极端中立的，是人们公然给金钱赋予了所谓的价值。十多岁的青少年的眼里，他们的父母是不是一心向钱看呢？真让人担心啊。”

“不光是十多岁的青少年。韩国成年人中每十个中就有九个相信人生的幸福是由金钱所左右的。这个答案比欧洲、东南亚国家的人高出了几倍。韩国变成了不管男女老少都过分执着于金钱的国家。人们沉迷于物质主义，认为要想幸福，就必须得有钱。这是一个可悲的现实。

“陷入拜金万能主义的人，当重要抉择的瞬间到来时，会以‘能不能挣大钱’作为标准。过分推崇清贫，忌讳物质也是一个问题，但是拜金主义（Mammonism）会带来更大问题。金钱可以买到大房子，但是买不到幸福的家庭。就像金钱可以买到昂贵的床，但买不到一夜好的睡眠。”

“是啊！金钱本身的价值是彻底中立的。钱多钱少并不能成为判断好坏的标准。以中立的观点看待金钱，等待创造带来的富足与丰盛吧!”

面对面坐下来用晚餐时，富人导师讲了一个有趣的故事。是有关幸福的商人和渔夫的故事。

南美洲一个美丽而僻静的海边，一个成功的商人把一艘豪华游艇停泊在海边，悠闲地在海边散步。他发现一名渔夫躺在棕榈树荫下。

“真是个懒蛋，整天这么游手好闲，活该一辈子过穷日子啊。”

商人每次遇到穷人都会主动给他们出谋划策。看到渔夫，他径自向渔夫走去。

“你好。有这时间的话，去捕鱼不是更好的吗?”渔夫回答说:“为了什么?”

“挣更多的钱，买更大的船和渔网，捕更多鱼，到时候就能成为跟我一样的有钱人啊?”

“成为有钱人以后，做什么呢?”

“然后，就可以享受舒适悠闲的人生啊。”

“我不是正在享受吗?”

这个故事通俗易懂地解释了伊斯特林悖论[12]，告诉我们金钱和幸福并不成正比。伊斯特林悖论是指，当收入增加到一定程度时，幸福感会随之增加，但是当收入超过一定水准以后，幸福感便不会再增加，这是一种逆向理论。

听到这个故事，我不由得放下勺子，陷入沉思。是的。之前，一直都认为钱多才能幸福，把幸福的标准放在了未来。为了这一天，做毫无目的的投资和与幸福无关的理财。

金钱和幸福的关系从人的童年就开始了。调查表明，童年时期幸福的孩子，长大成人以后，能够获得高年薪。伦敦政治经济大学和伦敦大学学院（University College London）在1994年，以10 000万名16岁美国青少年为对象展开了一项调查，这项调查一直跟踪进行到调查对象29岁为止。结果表明，青少年时期回答“我现在很幸福”的人，长大后的年薪最多高达1 000万韩元。可以说这项调查证明了幸福的孩子更能挣钱。

至于钱多能否幸福，请大家自行判断。但是，幸福的人生能够变得丰盛富足，这个观点看来是值得相信的。希望更多人在幸福的家庭、幸福的职场度过丰盛富足的人生。

价　值

不要跟着钱走，
把它放在需要的碗里

终于到了富人导师和我的最后一堂课。导师说他要回家乡，创造另一种幸福。在上最后一堂课的前一天，他给我发来一封邮件，是有关金钱和工作关系的一份报告。

> 有一份有关金钱和工作的有趣报告。美国的司罗烈布鲁托尼克研究所（此处为音译）选择了1 500名常春藤盟校毕业生为对象进行了一项调查，跟踪考察了20年间他们选择职业的动机和财富积累之间的关系。这些人被分成了两个组，一个组是选择了金钱，另一个组是选择了工作。
>
> 第一组表示解决了金钱问题后享受自己喜欢的工作，这是一个现实组。第二组表示，做自己喜欢的工

作，金钱自然就会手到擒来，所以要先做想做的事，这是一个追梦组。

调查时，现实组人数达到1 245名，占了83%，追梦组人数为255名，只占了17%。我们来看看20年后他们在人生中交的财务成绩单吧。

1 500人中，101名成了百万富翁，令人吃惊的是，回答要先解决金钱问题的1 245人中，仅有一名成了百万富翁，剩下的100名富翁均来自追梦组的255人中。

“高组长，我昨天发的邮件看到了吗，有何感想啊？”

“就像会长您说的，当我们追随热情和梦想时，这钱呢，自然就会随之而来。”

“是啊！钱这东西并不是我们死乞白赖地去追就能追到的。更何况，‘不合身’的钱，不是福，反而会成为祸害。都说现在上班的或在找工作的年轻人当中，有80%以上只为了挣钱吃饭。这是个可悲的现实啊。我估计今天是咱俩最后一次见面了，我就给你讲讲占有型人和存在型人吧。”

我想起大学时候曾读过埃里希·弗洛姆的《占有还是存在》，当时觉得文章晦涩难懂。

占有型人和存在型人啊……导师这是要打算讲什么呢？我很好奇最后一堂课，我的富人导师会给我讲什么样的故事。

“把拥有更多钱作为人生目标的人，我们称其为占有型人。这类人的特点是不会从长远的角度做事，而是会跟着眼前的实际利益去行动。这种类型的人为了提高自己的所有价值，不惜廉价出售自尊等存在价值。

“就像我昨天发给你的报告能看出来的一样，他们只会满足于廉价的现状，很难期待他们做出更美好的事情。人在自己做的事情中感受到存在价值的那一刻，才能算是达到了引爆点（Tipping point，即所有事情在一瞬间变化的戏剧性瞬间）。当你发现一个燃烧的使命时，就能够以更大的激情去做出更精彩的事情。而一个只会追随金钱的占有型人，还没有触及热情的导火线之前，就很有可能已经把自己给累死了。

“请你铭记一个人的幸福并不在于拥有多少，希望你过一种专注于存在价值的人生。”

当我守着我的存在价值而活时，金钱自然会跟来

“三十出头时的我，和大多数人无甚区别，一心追随金钱，只对拥有金钱感兴趣。陷入挣大钱的妄想中，对那些踏踏实实的储蓄计划毫不关心，对每个月的工资也不关心，我更关注的是能够用理财一次性获得高收入。但结果又如何呢？贪念导致的结果是巨额投资的损失和我在工作中的退步。”富人导师补充道，“追求存在价值的人，会在每个月的

收入中寻找长期的可能性。这种人若是还能具备明智的理财观念，那就是锦上添花了。

“有活力的理财，是认真做好‘自己眼下正在做的事情’。与其去寻找能够一夜暴富的理财信息，还不如把全部精力投入在你想做、必须做的事情上，这才是真正的投资。”

正如导师所教导的那样，在自己的工作岗位上表现出色的人，最终都能享受舒适的生活。如所罗门所说，工作本身成了他与生俱来的福分，发挥了理财的作用。

如果你已经过了中年，但还没有为晚年做好准备，没关系，千万不要着急。迄今为止，你是一个有意义的存在，往后的日子也会如此。请你认真地考虑一下，从今往后你准备做什么，如何去保护自己的存在价值。

当你守着自己的存在价值而活时，你人生中所需的金钱自然也会随之而来。你只要把那些钱放在你需要的碗里就好。

投资是“赚取符合我价值观的钱，为满足我和家人所需而准备的过程”。对于金钱的恐惧和不安，只是来自世间错误的引导而已，这些只为了给你灌输要拥有更多金钱的观念。

自从跟着导师学习之后，我开始没有像以前那么在意他了，也不会经常拿自己和别人作比较。我反省自己过去遇到事情爱抱怨或埋怨外部环境，只知道去寻找非本质性的解决方案。我下定决心要端正对金钱的观点，培养可以看清人生核心的眼光。

Ⅱ

第二部
金钱和人生的规划：

要想避免修修补补过日子，就要管理家庭财产

在这个老龄化、人口低增长、超低利率的时代，

一味地提高投资回报率的方式不再有效。

该去了解金钱的本质，

明智地管理自己的钱袋子了。

一个人的投资时代已落下帷幕，我们要去管理家庭财产

我总觉得自己是一个很幸运的人。我在对的时间遇到了对的人和对的状况，从导师那里收获了正能量和灵感，还直接或间接地体会到了各种各样的投资经验。

最重要的是，我竟然因工作原因每天和韩国0.01%的富人见面。在大型会计师事务所担任了5年的专门负责税务的公认会计师后，一个偶然机会，我拿到了猎头介绍的PB的机会。2003年，会计师很少能转行去做银行财务部门以外的工作，因此，能够得到这个机会，对我来说是一件出乎意料的事。

意外的好运就像是蝴蝶效应，纷至沓来。一家外国基金参股的某个银行在美国物色PB经理，他们不想从普通的银行员工中选择，而是想从专家中选择。一个身价很高的PB

是可以认识很多有钱客户的。然而，我并不认识这样的有钱客户，而且根本没有PB经验。说实话，我完完全全是一个菜鸟，而好运竟然落在了我头上。机会之神卡伊洛斯的雕像收藏在意大利的都灵博物馆，由雕刻家留西波斯创作。卡伊洛斯的前面发量很多，但后脑勺是秃头，当他靠近你时一定要快速抓住，否则他的脚上长着翅膀，很快就会飞走。

机缘巧合，我抓住了这个机会。我抓到卡伊洛斯，或许是因为我有挑战崭新领域的勇气，让我有幸遇到了人生导师，他们成了我人生中花钱都买不到的宝贵财富。而且，我和他们的友情已经持续了12年之久。

我把他们称为“善良的富人”。善良的富人有一种特点，平时话不多，但是一旦和你交心，就会把书本中都没法获得的人生智慧分享给你。和他们交谈时，我不止一次地提前征得他们的允许后，按下手机录音按钮。他们所说的都是来自他们的经历，我不想错过一字一句。多亏遇到这些善良的富人，我才得以在金融和投资方面有了自己的见解。

不过，如果只是和有钱人见面而已，那么我也不会有机会像现在这样通过文章和读者分享这些内容。因为我不会了解普通人所经历的各种经济生活。不过，值得庆幸的是，我又抓到了另一个卡伊洛斯。我通过我自己的《30年后，拿什么养活自己》《改变命运的10年存折》等“养老投资小说系列”，以图书和讲课方式遇到了很多读者。我从普通读者的关于金钱的故事中获得了灵感，很想做点什么帮助他们渡过难关，这种心情激发了我提笔写作。

一心渴望成为富人，就能成为富人吗？并不是。就像按照短期的处方吃药，并不能变得健康一个道理。我通过与善良的富人交谈，从根本上改变了习惯，你也要和我一样，只要通过这本书学到了什么，就得一个个付诸实践。

开始明智地投资，
全家人都不再为钱发愁

金钱和我们的工作有关，而工作和数不清的人密切相关。当金钱在工作与人的关系中所占比例增加到了一定程度时，人的满足感也会增加。这是心理学家们发表在各种论文中的经过考证的事实。但是，这种满足感超过了某个点以后，就不会再增长。换言之，金钱不能无休止地给人以满足感。

我遇到的大多数善良的富人虽然看重金钱，但他们懂得满足感是有尽头的，所以努力不去爱上金钱。反而，为了建立美好的关系，努力把钱花在对的事情上。在自己有能力时，多行善事。虽然有些矛盾，但是，这种努力的确能够提升幸福感。

“你去看看10年前全家旅游时的照片，是不是很开心啊？自从我意识到幸福来自同家人的开心经历和良好

关系时，我就明白了一个道理：懂得正确消费，才是真正为家人和自己好。”（富人导师，H会长）

“当你看着一年前买的昂贵的轿车时，还会感到幸福吗？幸福并不是占有，而是来自活生生的经验。多挣钱固然重要，但是为了你想要保护的人生而花对钱，更重要。尤其是为了你的家人、为了你的孩子。”（富人导师，N教授）

我在和善良的富人见面，挖掘财富本质根源的过程中发现的核心之一，就是“金钱不是我一个人的问题，人际关系才是重要的”的事实。

把钱放在第一位的，叫作物质主义。人一旦以物质为中心，就会变得爱竞争，爱权威，情绪变得不安，容易患上抑郁症。这些症状已经在踏入发达国家门槛的韩国蔓延。

世上泛滥的投资妙方，根本没有治好物质主义，反而像抗生素的耐性一样加重病情。人口老龄化在急剧推进，利率和增长率在同时下降，在这样一个社会，提高个人投资回报率的方法已经不再奏效。

现在，我们需要从更为本质、更为明智的角度去进行挖掘。要做好家庭理财，才能保住家庭的幸福。我已经通过观察善良的富人，亲眼确认了家庭理财的重要性，通过与善良的富人进行对话，学到了家庭理财的算法和核心要点。

家庭理财的基础是通过经济教育实现子女独立自主的能力。在上善良的富人的课时，我不止一次地忍不住拍膝盖，我坚信这正是我们国家当下正需要的。如今，这个时代，年轻人的失业人数正在不断地增加，这已然成了一个时代的问题。好不容易摆脱了失业，成功就业后，他们却又一次遇到另一个障碍，即为“全租”租金，结不了婚。

但作为父母也不能用短期的解决方案，即拆掉自己的养老资金，去支援子女，从长远角度去看，这样做的后果是父母很可能会成为子女的负担。晚年要比我们所想象的长得多。

用老一套的投资方式，不考虑家庭关系，单纯地攒钱，这种方式已经无法守住你真正想要保护的人生和你家人的幸福了。除非永远保持单身，否则，金钱就不是一个人的问题，而是一个家庭的问题。

无论制订了多么巧妙的投资理念，执行多么万全的储蓄计划以准备退休生活，仍有很多人会因为配偶或子女的失误而被拖后腿，过去所有努力瞬间泡汤。

教我家庭投资的善良的富人中，有一位金会长。我认为会长对家人的经济教育正是韩国人学习犹太式教育方法的很好的事例。在子女们还小时，金会长就教育他们自立，50年后，家庭投资果然结出了丰硕的果实。听到金会长给我讲的另一个故事，我不禁再次思考家庭理财。

20年前，金会长的朋友把刚从高中毕业的儿子移民到加拿大，并为儿子制订了财务计划，在当地买了一栋楼让儿子靠大厦的租金过一辈子不愁吃穿的生活。然而，还不到15年，这栋楼消失了，不光如此，他的儿子还背上了巨额债务。

这就是因为没有做好子女的经济教育。金会长朋友的儿子心地善良，但最后变成了留学生圈里任人宰割的有钱少爷，到处借钱给别人，给别人做担保，最终失去了大楼，背上了大额债务。金会长的朋友气得卧病在床，和自己宠爱万分的儿子变成了仇人。在我们身边有不少类似的案例，父母为子女做好一个月稳定拿到几百万韩元月租收入的计划，可只因为子女的投资或创业遭遇失败，父母的晚年也跟着变得十分凄凉。

一个家庭的理财投资计划设计得好，表明这个家庭的复利系统运作良好，有孩子们可以信任和依靠的资产。父母通过饭桌上的教育和在自己人生中的以身作则给孩子们进行经济教育，支援他们能够独立。这与犹太人的家庭理财投资体系十分相似。只占全世界人口2%的犹太人，却培养出了22%的诺贝尔获奖者，这已经是众所周知的事实。

再说一遍，一个人的理财投资时代已经落下帷幕，新的家庭理财投资时代已经到来，我们需要和子女们一同学习，和配偶一起协作进行。

焦　点

和配偶一起主导
家庭经济的明智方法

第一，要了解配偶的理财风格

有趣的是，夫妻双方中，总有一方十分节俭，而另一方花钱如流水。当你的配偶过分关心钱，只知道省钱节约，而不会正确使用它，那么这是优点还是缺点呢？我想节约、储蓄可以成为优点，但是如果过度，就会成为致命的弱点。而能够弥补这个弱点的便是你的配偶。如果配偶生在一个比较富余的家庭环境，没有计划地爱花钱，那么你可以教他正确花钱的方法，两个人可以互补，一同提高人生的幸福度。

夫妻双方要认可彼此的经济观，停止争论花钱方式。一味地否定和批评只会伤害彼此的感情。不要把家庭经济的责任推给一个人，两个人要分担，互相认可对方。如果你遇到了一个爱节约的配偶，在十几年的婚姻生活中理解你，并且进行财务管理，那么有一天你会发现之前不假思索地抓起昂贵物品的自己已消失，取而代之的你变得像配偶一样，懂得自律。

第二，财务决定必须要和配偶协商

盖着同一张被子睡觉的夫妻之间，若是开始为金钱撒谎，各自管钱，就会给彼此留下难以弥补的创伤。当婚姻生活中的不满情绪到了一定程度时，理财投资事故（Accident）往往会成为一个家庭瓦解的导火索。

比如说偷偷建立一个存折，给配偶或家人准备一份惊喜，这种行为倒是可以当作爱的表现而忽略不计，但是像超过一定程度的秘密贷款、未经过夫妻协商的巨额投资等行为，就如同婚内出轨一样，会给对方带来巨大的背叛感。

购房、退休养老金管理、股票投资、贷款等等重要的财务事件，一定要先和配偶协商而定。夫妻一起决定的话，可以避免冲动决定，有时即便结果不尽人意，但因为是双方一起决定的，也能避免家庭因金钱问题而瓦解。

第三，共享并且共同管理

当你的未婚妻或未婚夫强烈主张婚后夫妻分开管钱时，我认为有必要重新考虑和对方的结婚事宜。金钱管理是婚姻生活中相当重要的主题之一，既然是已经到了谈婚论嫁的阶段，那么建议双方在婚前向对方坦言自己的财产状态。

如果你们已婚，但一直未分享彼此的财产状态，即便现在无法把夫妻俩的钱放在一起，那我也建议分享重要的投资明细、持有的现金、贷款明细等内容。我见到过不少夫妻因为没有分享这些基本信息，结果双方购买了相同的基金而蒙受巨大损失，或双方都购买了保障性保险，或支付了不必要的贷款利息，最终导致家庭蒙受经济损失。

尤其是信用卡，建议夫妻共同管理。建议你和配偶从目前所持有的信用卡中选出一张最好的，做到只用一张。以我为例，我们夫妻从原先的7～8张信用卡，减少到了1张，并且夫妻共用。这样做以后，信用卡使用总金额减少了30%。之前，为了积分优惠，我们夫妻一人使用了几张卡。但后来因为基本的现金流量无法控制而陷入了混乱，各家信用卡公司还不时地向我们做营销宣传，以至于加剧了家庭财务的混乱状态。只使用一张信用卡和可以取出现金的一张借记卡，这样做对管理消费支出有很大的帮助。

就像法人信用卡一样，个人的信用卡也可以设置每月最高使用限额，这样可以很好地控制和管理消费。而且因为每月都要结算法人卡使用明细，持卡者会努力不超过限额，你也可以基于自己的总收入设置信用卡最大使用金额，做到自我控制。

无计划地支援孩子，父母的晚年会毁于一旦

在韩国社会，结婚时给亲家准备的礼物、购买婚房等子女结婚时的大部分开销都要父母来承担。据统计，子女的年薪和学历水准越高，父母支援子女结婚的金额越高。父母负责子女的教育，把子女养大成人后，还要继续负责他们的婚房。照这样下去，眼下五六十岁的父母对子女的无休止的支援，迟早会以自掘坟墓的结果而终止。

雪上加霜的是，子女结婚的时间和父母退休的时间几乎一致，父母就会变得焦急。这种时候父母一定要慎重。我还见到过不管三七二十一创业，结果损失掉手中为数不多的存款，家庭破裂的事例，真的让人心疼。人到了五六十岁，因为心急，明明没有经验却硬撑着创业，这种情况很容易遭到失败。

那子女又是什么立场呢？到了适婚年龄的年轻人，普遍认为“如今这个年头，一个人攒钱能结婚吗？没有父母的支援，结婚根本就是不可能的”。婴儿潮一代的子女们和之前年代的子女们相比，成长背景大相径庭，因此，我们也不能一味地批评他们缺乏独立性。

面对就业困难的社会现状，他们为了找工作而学习各种技能，那么就业时间就会往后推迟，而且找工作也确实不易。再者，年轻人职场所在的首尔圈，“全租”租金暴涨，给他们增添了一堵无法逾越的墙。现在的年轻人需要由社会来提供支援，和他们产生共鸣。

大学毕业的新员工若是每月存120万韩元，连续存款5年就能存8 000万韩元，存10年就能准备大约1.8亿韩元的结婚资金（年复利为税后5%时）。就算是及时抓住了就业时机，找到了好工作，像蚂蚁一样努力攒钱的年轻人，也得过30岁才能准备一套小小的婚房。这就是我们的现实。

为了子女的结婚资金，
我该解约退休账户吗？

57岁的李富英即将退休。过了55岁，还能留在公司是很不容易的，他是爬上金字塔顶端的少数几个人之一。通过坚持不懈的努力，终于还清了房贷，如今已经没有债务。他的全部资产有缴了27年的国民养老金、价值4亿韩元的公寓、2亿韩元的存款（包括中途结算的退休金）。有两个未婚的儿子，在三年以内结婚的可能性很高。

如果把现在的资产转换成每个月的现金流，那么从国民养老金可以领出约110万韩元，位于盆唐的价值4亿韩元的公寓中作为住宅年金可以领出100万韩元，2亿韩元的储蓄作为税后3%来管理的话，每月可以拿50万韩元左右，这样算起来作为养老资金，他每个月可以拿到260万韩元左右。如果还能做点事情，有点小收入的话，那就可以过上幸福的晚年了。

但是，他要是拿这些钱支援子女结婚的话，那么上面的公式就截然不同了。

如果李富英拿1亿韩元支援子女的“全租”租金的话，他退休后的现金流会变成什么样呢？假设他办理年利率4%的贷款（以20年本金利息均等偿还为条件）支援一个儿子，那么他的年金就会减少至200万韩元。因为1亿韩元以本金利息均等偿还20年的话，每月大概要还款60万韩元。

要是他听了儿子抱怨说1亿韩元根本没法在首尔圈租到全租房，自己又考虑到在亲家面前要保住面子等等，咬着牙每个儿子支援1.5亿韩元的话（共3亿韩元，1亿韩元月还款60万韩元，总共减少180万韩元），那么年金金额每个月就变成了可怜的80万韩元。本来李富英夫妇可以度过幸福的退休生活，这下，他们的收入减少到每月100万韩元以下，沦为退休贫困阶层了。

打造亲子之间的双赢结构

那应该怎么办？也不能只责怪现实。我们要适应现实，并为未来做准备。

请立即给子女进行经济教育。如果家有二三十岁未婚子女，那么要教他们存钱的方法，让他们实现经济独立。当然，二十多岁才开始这种教育，说实话有些晚了（原则上，子女的经济教育要从小时候开始。关于这一点，我会在下一章讨论）。但是如果迄今为止，在家里没有进行过经济教育，那么即使会因此而吵架，也要认真地和子女谈论金钱的问题，并且制订计划去执行。

子女的经济独立也关系到父母的晚年，因此这是一个重要的家庭问题，需要大家一同来商量和准备。以不明智的方式支援子女，只会毁了父母的晚年，最后它会变成回旋镖，影响子女的人生。

做出这种努力的家庭和未做这种努力的家庭相比，同一辈之间的财务幸福度存在巨大差距。根据对大学毕业的新员工的观察调查，待他们过上5年到10年的社会生活之后，就能准备5 000万韩元，甚至1亿韩元左右的资本金。能否准备这笔钱，会影响到这个人背后的整个家庭的幸福，因此，一定要立即对子女进行经济教育。

| 婚礼费用1 000万韩元，等于1亿韩元的退休资金 |

应该尽量减少不必要的婚礼费用。如果能够省下1 000万韩元的结婚费用，那么40年后，子女迎来晚年时，就等于准备了1亿韩元的退休资金（假设长期的经营回报率年利率为6%时，收益就能增加到10倍）。我总是向年轻人提议，婚礼应该在有意义的场所以不同于他人的方式举行。

在高档的L酒店举办婚礼的年轻人和在普通婚礼堂举办婚礼的年轻人之间，结婚费用相差3 000万韩元以上，等于可以节省3亿韩元的养老资金啊。像彩礼等其他的结婚花销也是一样的道理。

从男方父母的角度来看，花了一辈子积累的财产给儿子准备了婚房，可如果对方准备的结婚礼物和期待有差距，那么难免会在心中留下不悦。即使是不在乎钱的人，遇到这种情况，还是会有所求，这也是人之常情，可以理解。不过，亲家之间提出过分的物质补偿要求，这是错误的，这种恶性循环必须有人出来打破。如果读这本书的你是年轻人，那希望你来说服父母；如果你是有子女的父母，请你自身果断切断这个循环。

| 建立满足彼此需求的健康的共生关系 |

韩国的五六十岁中年人都是一批家有结婚适龄青年的父母，十个家庭中有四个家庭因缺乏养老资金而极有可能不如退休贫困阶层，到时候他们的生活费估计会低于法定最低生活费（两个人家庭每月94万韩元）。如果这批人继续像现在拿出晚年的养老资金给子女支付租房资金，那么将来这两个家庭会陷入退休贫困阶层，从而导致五六十岁的中年人中大约有60%的人会成为退休贫困阶层[13]。一味地在乎威信和面子，最后很容易遇到大失败。

我们来看看韩国人的资产结构吧。父母的资产通常是被房地产所束缚，退休时，收入就会中断。而这时，子女才刚开始挣钱，并没有积累的资产。

这种情况下，也可以彼此满足对方的需求。三十岁出头的李美珍结婚后选择和公婆住在一起。由于夫妻俩都需要上班，很难兼顾育儿，而雇保姆的费用也很贵。于是就决定和公婆生活在一起，他们每月都会给公婆100万韩元的生活费，这样彼此满足了对方所需。公婆也开心，既能挣点零钱，还能天天看到孙子的笑脸，算是一石二鸟。这是设计共生关系的成功事例（建议多给生活费）。

| 财产捐赠时，不能失去对资产的控制 |

最后，五六十岁的中年人通过子女将拥有的房产换成现金时，建议父母在支持子女时也要保持对资产的控制。如果父母的资产没有多到需要支付遗产税的程度，那么，与其在去世之前赠与子女并完全放弃对资产的控制，还不如利用“附有条件的赠与合同”[14]，父母和子女之间，以子女要想使用父母的房地产，就以月租方式向父母支付生活费，在父母去世后再把房地产转给子女的条件进行交易。

在负担生活费的条件下转移房地产登记时，如果不用法律条文明确说明，父母很容易失去对资产的控制权。即便是书面上承诺死后赠与，但是，登记转移手续要在父母去世后办理，通过这种方式维持父母对资产的控制权是很重要的（需要在法律专家的帮助下用法律条文明确化）。

或者，父母支援子女的全租租金，但是以子女的名义办理全租资金贷款手续（这是为子女的贷款，理所当然要以子女名义来办理），以使子女偿还债务，用这种方式给子女提供最低限度的帮助。

用父母的财产盲目地支援子女的全租租金时，有可能会因为超过赠与税免税范围（10年内5 000万韩元）而需要缴纳赠与税。要让子女用自己存下来的钱和贷款方式准备房子，让子女自己还贷款。而父母可以在子女还钱的过程中提供少量帮助[15]，用这种方式，父母和子女齐心协力解决问题。

有大量存款的父母帮助没有多少存款的子女，当父母没有了收入时，由子女来帮助，这就是双赢结构，父母和子女一起思考如何创造这样的双赢结构，这也是一种很好的理财投资方式。

理财的目标不是钱，而是你和家人的幸福！

小时候的经济学教育
影响一辈子的幸福

近期，家长对孩子的经济教育表现出了极大的关注和热情。大家普遍认同金钱在这个时代的重要性，因此，经济学教育市场也在逐渐扩大，其规模丝毫不亚于过去的培训教育市场。而现实中，父母对年幼的子女进行什么样的经济教育呢？习惯于四选一式选择题试卷的婴儿潮一代的父母，看上去在经济教育中也是习惯于选择正确答案。他们一心想找出把子女培养成有钱人的方法，并向子女进行“以结果为中心的教育”。比如“如何让我的孩子变得富有”“如何为我的孩子投资好股票”“信用卡的历史”等等，纵观经济教育现场，泛滥的都是一些华而不实的零碎知识教育。

没有灵魂的经济教育必定会让孩子误入歧途，因为它缺少了必须存在的核心。

不要浪费培训教育费，教孩子挣钱的能力吧

我在报纸上读到关于失业的儿子的故事，不禁感慨："啊！别说是一家人的幸福了，没钱，整个家都要土崩瓦解了！"

> 昌勋（化名，33岁）喝醉回家的日子，全家人都要"提心吊胆"。一喝醉，平时乖巧的模样消失得无影无踪，变成一个"爸妈都不认的混蛋"。爆粗口，骂人是家常便饭，一发火还会扔掉家里的生活用品。家里的东西被他搞得体无完肤。……
>
> 他所谓的工作也就是在便利店等地方当临时工，最近连这些都不做了，就在家里当无业游民。每天在家要么睡大觉，要么就玩电脑游戏。到了大家都下班的时间，这才洗漱，外出。但是出门就要花钱啊，他一个无业游民哪来的钱呢。父母就像是ATM一样。父母为了改掉他的臭毛病，拒绝给他零花钱，可是每次不给钱，就会喝醉酒，来父母开的店里耍酒疯，搞得父母只好给他钱。[16]

这不是报纸编造的故事，而是我们身边的现实。怎么会培养出这样的儿子呢？这是因为子女小时候，父母没有进行

正确的经济教育。当子女开始对钱感兴趣时，父母说“你别想这些，好好学习才是正事儿”，直接掐断子女对钱的关心，或者父母过于容易地满足子女的需求时，他们对金钱的责任感和经济的独立性就会越来越弱。当子女还在父母的保护之下时，这不会成为问题。但是，当他们长大成人后仍然不具备挣钱的能力，那么亲子关系极有可能会因此恶化。

一般来讲，当子女从二十多岁到三十出头期间，没能找到工作，父母也会宽容和大度地包容子女。给他们勇气，安慰他们，供子女吃饭。但一旦到了三十五六岁，还找不到工作，穿着邋遢并且整天在家无所事事时，父母的耐心就会到头。

这种问题的起因并不是因为没钱，而是父母没有做好对子女的经济教育。很多父母为了培养孩子的挣钱能力而投入大量的培训教育费和时间，然而结果却事与愿违，更有甚者导致子女的独立性越来越弱呢？我认为父母们有必要认真地去确认一下。

有关钱，
为什么不提出根本性问题呢

据说最近的信用不良者中，二十多岁的人远远多于三十多岁的人。这是为什么呢？七年前，我听到过一个女大学生的故事，我们可以从中看出原因。

小朴是从地方城市来首尔上大学的女大学生。去年夏天，她在电影院门口遇到信用卡公司的员工，领到几万韩元，并且第一次办理了信用卡。之后，父母给的生活费不够用时，出于好奇，她刷了几次，再后来，不知不觉间消费支出了不少。她还以为也就刷了一两次而已，结果很快信用卡消费金额达到了几百万。于是，小朴为了还清信用卡滞纳金，去咖啡厅和便利店等地找了每小时4 000韩元的临时工的活。

但是，大学的生活费和信用卡贷款仅靠那些是远远不够的，于是，她又去办了新的信用卡，开始拆东墙补西墙。到了大学四年级第一学期时，利息水涨船高，需要还700万韩元。拆东墙补西墙的方法也已经无效了，因为有滞纳金，信用卡可用限额也降低了，信用卡公司每天都打来电话催款，她整天为此提心吊胆。为了尽快挣钱还债，她甚至办了休学。已经向身边的朋友们借了几十万韩元，但是又不敢和父母讲。

后来，连学费都拿去还债后，在学校门口发现了一张传单，是无担保贷款公司的宣传单。她只好向其伸手。结果，她用贷款去还债，为了还贷款又去办贷款，久而久之就成了多重债务人。

在这个商业主义时代，我们的子女沦为小朴一样困境的可能性极大，身为父母一定要对此警惕。

然而，经济教育的现状又如何呢？**如果父母继续现在的只重视结果的经济教育，那么迟早会犯下严重错误，从而让子女失去自立能力。当子女长大成人时，就会抱有十分安逸的想法："接管父母的店就行了""不用准备，到时候向爸妈求助，一定会有办法的"。最后成为父母晚年的沉重包袱。**

没有接受正确的经济教育而踏入社会的孩子，很容易卷入商业主义的旋涡中。大众媒体每天都在大声做广告，"努力工作的你，值得来一次说走就走的旅行""10分钟就能拿到500万韩元""说出你想要的！这才是个性"。现在的二十多岁年轻人都有很好的生存技能，然而他们却迅速沦为信用不良者，这其中的原因就在于此。

父母的内在问题才是导致子女变成这副模样的原因。父母没有对金钱提出过根本性的问题，为什么要挣钱？钱都需要花在什么地方？爸爸为生计挣钱的职场中，都发生什么样的事情呢？爸爸挣来的钱，都花在什么地方？如何用存款来满足所需的钱呢？除了我自己的所需，是不是还需要满足别人的需求呢？父母要亲自找出这些问题的答案，并在饭桌上对孩子进行经济教育。

孩子们没有经过家庭内部的经济独立教育，毫无防备地接收了社会上的"不管怎样，多挣钱就是好的""所谓成功，就是物质上成功的人生"等观念，那么就很容易陷入极端的偏见。这就是"金钱为上"的拜金主义和"金钱万能"的商业主义。我们来看看这种极端思想为什么可怕吧。

树立错误的经济观，会造成灾难

这件事发生在以小学高年级学生为对象的某一次经济学营地。[17]

> 在一次经济学营地项目中，到了小组角色扮演的环节。这次的主题是“失业的父亲”。主人公是小学女生，她的父亲是典型的无业游民。全家人的生活费都由有钱的爷爷支援。有一次，孩子央求爸爸买台电脑，失业的父亲就向爷爷伸手。爷爷早就对自己提供生活费的现状感到不满，于是生气地对爸爸下最后通牒，说再不出去挣钱，别说电脑了，生活费都不会继续支援了。孩子们分小组讨论用什么方法让“我家”摆脱经济危机，然后用戏剧的方式进行了表演。

结果真是令人惊掉下巴。孩子们自己选出来的“最佳戏剧”的解决方案，竟然是“继承爷爷的遗产，并且领取保险”。担任失业父亲角色的孩子，还做出了阴险的表情。

你能相信我们的孩子竟然能有这种想法吗？你认为这只是文学创作而不是现实的反映吗？在参加这次营地项目之前，孩子们参加过一次问卷调查，我们可以从调查结果分析出他们的这种想法来自何处。

参加调查的孩子们中80%回答说，期待继承父母的遗产；70%回答说，结婚时的全租租金必须由父母来提供支援；25%回答说，婚后自家孩子的教育费，希望由父母来承担。[18]

孩子们认为父母提供经济支援是理所当然的。他们相信，成年以后父母还是会继续提供支援。

为什么孩子会认为父母的经济支援是理所当然的呢？

父母支援自己是理所当然的态度，会不会是来自用金钱来解决家人之间矛盾的举动呢？对父母的经济支援坚信不疑的子女，一旦得不到父母的帮助，会怎么样呢？从子女的立场来看，就会觉得自己遭到了背叛。

子女开始对钱感兴趣时，父母一定要给子女正确的影响，帮助子女树立正确的金钱观念。我们的孩子生活在大众消费文化环境中，金钱万能的拜金主义，很容易给他们树立错误的财务观念。

当然，我不是说排斥一切商业主义。商业主义也有其优点，即实用主义，一个有分辨能力的大人，可以找到商业主义和实用主义之间的妥协平衡点，有效地应用它。孩子们则不一样，他们的思想和思维尚未成型。就像在角色扮演中，认为为了达到自己的目的不惜使用一切手段的想法，很容易使家庭这个共同体土崩瓦解。

以6 000名初高中生为对象进行的伦理调查结果表明，年纪大的孩子中回答“只要给我10亿韩元，可以考虑犯罪、去蹲监狱”的大有人在。[19]要知道人生中有太多东西是用钱买不到的，可我们的孩子竟然如此坚信“金钱万能、金钱至上”，真是太让人吃惊了。

当子女长大成人，对金钱毫无责任心，或者想用钱来解决一切，那么他们的父母要负相当一部分的责任。

错误的经济教育会导致
子女无动于衷、产生无力感、无责任心

除了极端的拜金主义以外，子女们容易陷入的另一个极端是无动于衷、产生无力感、无责任心。

婴儿潮一代的子女们看上去无欲无求。就像15年前，日本的婴儿潮一代，即“团块一代”的子女们一样，韩国超一

代的子女们也常常表现出无力感、对该感动的事情无动于衷、对遇到的事情持有不负责任的态度。

这种极度的不负责任会使家庭陷入巨大风险。一个人变得极度不负责任时，会发生什么？就像前面提及的那样，会被懒惰的诱惑所吸引，丧失独立的能力。沉浸在懒惰诱惑中的子女分不清“我的”和“你的”，长大成人后，误以为父母的财产就是自己的财产，把父母的房子、车和钱当成是自己的。遇到父母帮不了自己时，不但不能理解父母的心情，反而埋怨不满，甚至表现出丑陋的贪念，让周围的人为之皱眉。

这种孩子长大成人后，很有可能会成为一辈子待在父母怀里的袋鼠族、寄居在父母家像寄生虫一样和父母一同变老的单身寄生族、靠父母养老金而活的啃老族等等。**父母从小要对子女进行正确的经济教育，告诉他们父母的财产是父母的，而不是子女的。**

就像明确区分父母的财产一样，子女的财产亦是如此。明确认可子女的财产，子女有想要的东西时，帮助他们通过自己的努力来获得。子女小时候拿到的过年时的红包，很多父母收走时说是替孩子保管，但很少会还给他们。还有很多父母听到子女想要什么东西，就会马上给他们买，而不是让子女通过一定时间的积累来获得。这种情况反复发生时，子女的财务观念中“我的”的概念会变得模棱两可。

继续给钱，子女会感激父母的恩情，这是一种错误观念

一位博士做过一项试验，调查人们对免费拿到的金钱的态度和行为。博士在一个村子的家家户户门口无条件地留下5万韩元。

第一天，在门口发现钱的时候，大部分人面露疑惑，把钱放进了口袋里。第二天的反应也和第一天一样。到了第三天，村民们发现这钱是真的，整个村子为门口凭空出现的5万韩元而兴奋。就这样过了10天，人们天天看到门口会留下钱，就很自然地捡起钱放进口袋里。

有时候，钱出现的时间比平常晚，人们还会东张西望地盼着这笔钱的到来。过了20天后，人们对这笔免费的钱不再抱有负担或好奇。他们觉得拿门口的钱就像是一日三餐一样，变成了日常生活。

就这样，过了一个月。主导这项实验的博士，决定结束这场实验，最后一天，他没有给任何一家钱，只是慢慢地穿过了村子。就在这时，他发现村子里发生了一件怪事。博士听到有村民大声喊道，“今天为什么不给钱啊？”还有一个男子打开玄关门跑出来，抓住博士，

用手指着他，大声地指责："不是每天都给5万韩元吗？今天到底怎么了？为什么不给了？"

每天免费领到的5万韩元是"我的钱"吗？长时间拿到免费的钱，人们不仅忘记了感恩，还误认为"别人的钱"是"我的钱"。

父母对待子女的态度亦是如此。当子女习惯于接受父母的东西时，就会误认为父母的钱是自己的钱。父母花在子女身上的教育费越多，子女就认为"父母做好了随时为我花钱的准备"，年纪大了之后还倾向于依赖父母。

在社会上，也有很多人不把别人的东西当回事，借了钱也不还。遇到困难时，轻易地向熟人伸手，而不是想着自己解决的人也很多。一个不会区分"我的钱"和"别人的钱"的人，怎么可能管理好"我的钱"呢？

要知道通过自己的努力争取的，才是"真正属于我自己的"。努力工作，用"我的力量"获得的"我的东西"，其价值远远大于免费拿到的。用汗水换来的才能成为"真正属于我自己的"，这样努力得来的东西就不会随意被处置，会被小心对待。孩子对"我的东西"概念模棱两可的话，当他长大成人之后，依旧难以改正对"我的东西"的错误认知。

我们身处一个什么样的时代呢？过去，汽车、房子、家具都得经过踏踏实实的努力才能得到，如今却能轻松地动用未来所得，用别人的钱（银行的钱）得到。一个看上去能够在财务上成功的人却遭到了失败，那一定是因为他没有管理好“我的钱”。

世上没有无因之果。因为不是我的钱，就随便花掉的话，那么必然有人来承担其后果。一个人背负的包袱加重，就难以实现共同体的持续发展，而不合理地背负重担的人，也有可能是我自己或是我爱的人。这个时代，我们需要有一个共同体思维，管理好我们所有人的钱，以保护我们自己的钱。

该教的不是花钱的方法，而是管理金钱的智慧

我们的社会一向很重视家庭和社会的共生。尤其是尊重儒家传统文化，认为父母和子女和睦相处是最高的美德。人们将共生的必要性视为普遍价值。

但是不知从何时起，我们的社会变得只主张共生的必要性，而很少去教何为共生的本质。这也直接导致了电视剧中狗血剧情般的事情变成了社会现实。

那么共生的本质是什么呢？一起生活的人生，首先每个人都需要具备独立的能力。换言之，共生的本质是自立。每个人不能自力更生，那么很难实现共生，只能依赖他人而活。依赖他人而活，是共生人生中最大的障碍。

“不愿意干活，就别吃饭了！”

“一个人是否值得尊重，就看他能否独立生活。靠自己的能力活着的人，比任何惧怕老天的宗教人士或学者都要伟大。”

这句话出自《塔木德》,《塔木德》可以说是犹太人智慧的集大成之作。犹太人一向重视自谋生计的能力，这句名言从某一方面揭示了犹太人的哲学。

犹太人作为全世界最出色的民族之一而备受瞩目。对他们而言，学问和为生计所需的技能是不可分割的。犹太人认为，依靠别人的帮助或援助而活的人，不管是宗教人士还是哲学家，都属于未看清人生本质的人。其实一个人在经济上有富余，能够一直读书的话，获得学者的头衔并不难。

《圣经·新约》有一半是由使徒保罗写的，这是一本世界上卖得最好的图书。而保罗是一位有学问的精英，但他也有一门手艺，是制作帐篷。这门技能是他从父母那里传承下来的，他的父母向保罗传授的不仅是学问，而且是一门谋生技能，让他在任何处境下都能够实现经济上的独立自主。保罗在《圣经》中留下了这样一句名言:“不想工作，就不要吃饭了。”

使徒保罗白天靠制作帐篷谋生，抽空还承担了他认为最有价值的传教士使命。我想使徒保罗之所以被后人视为最令人尊敬的基督教领袖，是因为他有足够的自立能力为自己的生活负责。

“即使明天世界末日来临，我今天也要种下一棵苹果树。”这句名言是著名的荷兰哲学家斯宾诺莎说的。他的一生也不是只写书做研究的学者人生。他不仅靠在学校教孩子谋生，而且还有自己的一技之长。他掌握了别人很难模仿的修理镜头的技术，用其谋生，不求任何人的援助。正是因为他有这样的技能和手艺，才能够拒绝可以终身保证其舒适生活的教授职位，以守住自己的哲学自豪感和信仰。斯宾诺莎或使徒保罗为何能够掌握谋生技能的呢？这都是得益于他们父母的教育。

犹太人迦玛列曾经说过：“工作有益于人，即使是学者，如果不工作就会成为恶人。”全力支持所有人都要掌握技能而保持自己经济独立是犹太人传统。

犹太人的传统重视谋生，重视给子女传授职业和技能。犹太人正是靠这个传统，造就了犹太人家庭内的务实的财务教育氛围，也通过这种文化实现了财务上的富足丰盛。

上大学时，我听了犹太人家庭的传统，就很认真地思考过我的未来。我的谋生的技能是什么呢？有没有办法不去公司也能活下去呢？左思右想后，找到的方法就是考取注册会计师。有了这个资格证，即便不马上做相关工作，有朝一日或许也能用上，也不至于饿死。虽然现在在其他领域工作，但是注册会计师执照对我来说意义重大。拥有一个谋生的实用技能，能够保护自己，这是保持自尊的很好的策略和手段。

我很喜欢“自力更生”这个词。我也时常教育我的子女迟早有一天要做到独立。我告诉儿子，“儿子，我们一起生活的日子只剩下七年”。说这些是为了让子女提前做好财务上的准备，不要对父母抱有太大期望。

或许你会觉得这样太冷酷，但是子女的人生要靠他们自己来开拓。身为父母，我们不能夺走孩子自主开拓人生的喜悦啊。子女离开父母实现独立时，他们的人生才是幸福的，他们具有自力更生的能力时，他们与父母共生的人生才算是幸福的。

比起如何挣到更多的钱，更要教他们如何去管理

那么，我们应该如何对年幼的孩子进行经济教育呢？**我们要教他们“如何更好地管理金钱而不是挣更多的钱”。这才是核心。身为父母，帮助子女建立挣钱的能力和健全的财务观念，让他们学会独立经营自己的人生，这才是父母的责任。**

家庭是社会生活的起点，也是缩影。在家学到要想得到什么就得付出努力和代价的金融原理，再进入社会，才是达

到经济成功的捷径。

可是我们的社会却离金融教育还很远。金融教育被视为“快速成功的障碍”，而不是“原则”。这是为什么？首先，韩国的父母在子女的教育上花了巨大的教育费用。为了送他们上更好的大学，为了让他们有更好的未来，父母不惜牺牲自己。在这样一个体系中成长的孩子，成人后依然想着依靠父母。

父母为子女花的教育费越多，作为子女越容易认为“父母是时刻准备为我花钱的存在”。这就是谋生教育的失败案例。

依赖父母的子女人数增长的理由很简单。因为父母的教育观念就是只重视孩子的学习成绩，而忽略了谋生现场。同时，父母的态度也抢走了子女为经济独立而该承担的责任。

经常看到过了三十岁还是不能照顾好自己的年轻人，这种类型的人有一个共同点。他们给自己画了现实中难以找到的乌托邦，混淆梦想和妄想，陷入妄想之中，虚度光阴。迷上懒惰的诱惑，根本不会制订详细的执行计划。当然，他们的字典里更是找不到努力二字。

这些人停留在妄想中，但是面对现实中金钱的问题时，又会表现出很强的执念。就这样在跟着钱走的过程中，轻易落入骗子的圈套或高收入的陷阱。在谋生现场努力奋斗的人根本没有闲心去想着发不义之财，很少为物质诱惑所动，但是在妄想乌托邦的人有很多时间，更容易落入圈套。

在英国，大学毕业后还寄居在父母家，蚕食父母养老金的子女叫作啃老族（Kippers，Kids in Parents Pockets Eroding Retirement Savings），意指父母一生积累的养老金被子女夺走。在人口迅速老龄化的韩国，啃老族的数量估计也会越来越多。

我再强调一次，一个人理财投资就可以过得好的时代早已过去。当下，父母一定要给子女从小进行正确的经济教育，让他们经济上能够独立，唯有如此，父母的晚年才有保障。

焦　点

明智的家庭复利型理财

犹太人的家庭理财核心之一是复利型理财。前面我们也讲过，犹太人会和子女分享谋生现场的信息，同时也会系统地为子女准备一份基础资产。请大家注意他们是如何运用时间的。犹太人会投入整个人生，把资产转为复利型函数。

在复利函数中，一直到某一个时间点，得到的结果值是小于投入量的。也就是说，你得到的钱少于投资的金额。但是过了某一瞬间后，产出量会猛增，多于投入量。这就是犹太人在资产管理中运用的“复利技巧”。[20]

本金的收益加上另一份收益来实现复利的原理，会从子女小时候的生活中开始应用。正因为如此，犹太人的家庭财务状况十分稳固。摩根大通、高盛等著名金融公司的创建资本，均来自罗斯柴尔德、美第奇等犹太人的名门望族中。

有时候我想“如果我更早地将复利效果应用到我生活中，那么我的人生会有多大的改变呢”。我们的人生充满了无限的可能性。

然而，现实又是怎么样的呢？我们的年轻人进入社会时，根本不了解复利是什么，他们也不具备来自家庭系统的任何资本。就这样只身一人闯入社会，自然会感到陌生和艰难。毕竟，现实中的社会环境与他们之前所接受教育的关于学问的世界是不同的。

年轻人掌握社会要求的各种技能后，艰难地通过狭窄的就业之门，开始挣钱。然而，他们会再一次面临残酷的现实，需要一边还学生时期的贷款，一边准备暴涨到天价的房租。年轻人很难接受这种现实也是可以理解的。

别再犹豫，赶紧把复利的魔法用起来

从现在开始，教子女学会使用复利吧。复利是时间与金钱的原理。如果你的子女从小就能树立起正确的投资概念，就等于有了获得巨大财富的机会。他们还年轻，时间越充裕，挣钱的可能性就越大。

如果你从10岁起，开始每月投资30万韩元，持续投资20年，并且以年复利7%来滚动这笔钱，那么到了30岁时，就可以拥有约1.5亿韩元资产。投资总额为7 200万韩元，剩下的银行账务余额均为复利收益。用了20年的长时间，获得的结果便是复利收益。如果这个孩子继承了父母的投资习惯，从30岁开始，每月投资30万韩元，持续20年，以年复利7%再一次做投资的话，那么总资产会达到7.18亿韩元。

本金总额为1.44亿韩元，但复利收益却近400%。这7亿多韩元的基础资金，足以保护一个家庭了。用这笔钱，既解决了子女的经济问题，又能解决孙辈的经济问题。整个家庭都能过上财务上有富余的生活。这就是时间充裕的优点。

没有任何资本的子女，未来很艰难

如果在子女30岁之前不为他们做任何投资，那么状况就会完全不同。子女没有任何靠山或资本，会苦于没能力交全租定金，也急着还自己的学生贷款。

如果想从30岁开始勒紧裤腰带做投资，20年准备7亿韩元的话，每个月要投入多少呢？每个月需要投资146万韩元并坚持20年，才能和从10岁起每月投资30万韩元并坚持40年的家庭一样，攒到7.18亿韩元。假设以相同的复利去操作时，意味着要付出接近5倍的努力。只因为你忘记了时间的力量，你的子女不得不多投资几十倍。

投资一定要趁年轻尽快开始才能发光。投资时间越长，投资回报率就能呈现出倍数增长。很显然，投资于复利效应的家庭和因拖延而错失了很多人生机会的家庭之间，将拉开不可逆转的鸿沟。

当下（the present）就是人生送给你的一份礼物（the present）。如果你从现在起为家人好好应用复利，将复利原理传给子女，那么不光是你的子女，就连子女的子女也能做出更加从容的选择。

一个出生在优渥家庭的子女，会把金钱当作防守工具来应用好，同时用自己的收入做出持续的投资。他们没有债务，且持有大量现金，因此面对金融市场的波动也不会感到不安。反而，能够利用这些变动时机为自己获取反击逆袭的机会。决定一个家庭能否成为名门望族，取决于你现在的选择。从现在起到你的子孙后代，随着时间推移，复利会一直发挥效果。现在既可以是你应用复利的起始点，也可以是你面对的一个难题。

我们应该如何回答时间摆在我们面前的问题呢？

关于子女的经济教育方法一：
相信子女前程似锦

身为父母在培养孩子的过程中，有没有怀疑过“这家伙是我生的吗?”写这篇文章的我，有时候看着我的儿子，也会感到沮丧。强忍着一肚子火，努力安慰自己说“妻子会去解决的吧……”，但有时候气得实在是没法接受。这时候，我会尝试换个框架去看待。

也就是说，父母对待孩子的方式，可以根据这一框架而不同。与其基于子女现在的样子而责怪或教育，还不如基于“我所期待的子女形象”去对待子女。

子女越小，父母越需要根据“子女未来的形象”去正确对待他们。这时候如果只是根据子女眼前的表现而去对待他们，责怪他们说“你以为这钱是从天上掉下来的吗?”“这样下去，长大了根本没能力养活自己!”那么，只会伤害子女

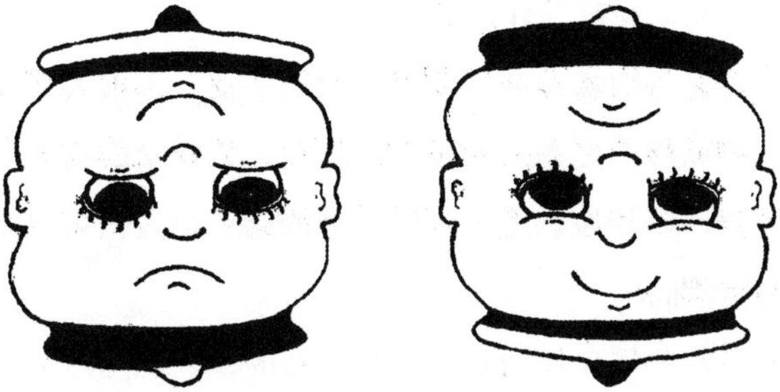

皱着眉头的脸和笑脸

的心。这种话将成为一个可怕的预言，成为抛错地方的锚。

请你看看上面的图片。左图中，小孩子使劲皱着眉头。现在，请你换换框架（把书倒过来看）去看右图。皱着眉头的孩子露出了灿烂笑容。父母对待子女的态度亦是如此。改变观点去看待孩子吧。

改变观点，
就能180度改变子女的未来

锚一旦抛错，它所留下的伤口很难愈合，还有可能一辈子影响子女实现经济独立。父母要相信子女会成为经济上富有的人，怀着这份信心来告诉和教导子女。

当子女对金钱产生好奇心时，父母对他说出充满可能性的一句“怎样做才能实现你想要的呢？”这种如同提供线索一般的话，能够帮助子女建立正确的财务观念，它的魔力远

远胜过一句掐断可能性的话。

如果父母抱着贫穷的观念去对待子女，其他人也会照着模仿，用同样态度去对待他们。相反，如果父母看到了子女前程似锦，以相应态度去看待子女的话，别人也会以同样的看法对待他们。

世界的规则在任何地方都是类似的，它也同样适用于我们的子女。

关于子女的经济教育方法二：
把职业和学问结合起来

父母若要想着子女未来的形象去对待子女，那么最重要的是进行现场教育。父母要从小给孩子分享自己的谋生现场，要给子女展现父母为了现实所需而储蓄的模样，更要让子女看到父母即使上了年纪也实现了经济独立，活出了洒脱的人生。

韩国孩子为何在遭受不公平待遇时，只会选择沉默不发声呢？

1992年，美国洛杉矶爆发骚乱时，大多数韩国人的子女对此根本没有做出适当的反应。[21]

并不是因为韩国孩子不愿意反击，而是因为他们并不知道父母是在何种环境忍受着何种痛苦挣钱的。他们中甚至不少人都不知道自己的父母是做什么工作的。不了解情况，还怎么去有理有据地反驳对方呢?

大多数韩国父母不愿意对子女坦言自己的工作。很多人告诉孩子“不用知道我干什么，你就把学习学好就行了!”于是，孩子们当然不知道父母是靠什么谋生的。实际上，1992年洛杉矶韩国城事件发生后，很多韩国人坦言，直到那次事件发生后，他们才知道父母为了挣他们的教育费和生活费而承担了多少。

将谋生职业和学问结合在一起的教育，能实现惊人的变化

犹太人的传统是把学问和谋生职业结合在一起，把职业和技能代代相传下去。不管他们从事的是多脏（Dirty）、多辛苦（Difficult）、多危险（Dangerous）的“3D行业”，只要是以此谋生，就认为这绝对不是什么丢人的事。能够靠自己的能力活下去，这本身就是一件很值得自豪的事情。

要说成为骚乱的牺牲者，可以说犹太人比韩国人经历得要早。1992年洛杉矶韩国城事件爆发的27年前，即1965年，犹太人在黑人村经历过“瓦茨暴乱”。第一代犹太人从欧洲移民到美国后，由于英语讲得不好，先是在黑人村落脚，靠开小铺谋生。不过犹太人的父母在黑人村做生意时，在放学

后或放假期间会让子女们出来帮忙，比如搬牛奶箱，负责打扫卫生等等。父母的英语讲得不好，会让子女当翻译。甚至不会避讳店铺遭人偷盗、父母被带枪的歹徒威胁的情景。子女们在这样一个家庭环境中成长，能够对父母的痛苦经历产生共鸣。也就是说，一家人的痛苦是由所有家庭成员共同分担的。[22]

犹太人的父母与子女们分享自己谋生的过程，而韩国人是怎样做的呢？遗憾的是，韩国人往往把工作当作是单纯的谋生工具、挣钱的渠道，并不认可谋生职业的价值。智慧之王所罗门说过“没有什么能胜过一个人享受自己工作”。犹太人教育子女说，工作本身就是一个人感到满足的源泉（Man’s source of satisfaction）。当子女放学回家后，犹太父母会让他们到自己的谋生工作现场来帮忙做事，或者在洗衣店熨衣服，或者在超市送牛奶，负责打扫卫生。和父母分享谋生现场的过程，让子女们学习理解和分担家庭这一共同体的痛苦，学习在经济领域做什么和怎么做。这样培养出来的孩子，长大了必然会孝顺父母。因为他们是看着父母流着辛苦的汗水而长大的。

我认为，父母向孩子展现自己的谋生现场都发生了什么，教孩子懂得在工作中获得喜悦和流汗的意义，是非常重要的。与其告诉子女“不用知道我干什么，你把学习学好就行了”，还不如让子女们趁机分享父母在谋生现场中的感受，自发地体验工作的喜悦。

子女们在未来的人生中会面临各种情况，做出各种经济选择。而他们的人生资产正是取决于在这些选择的瞬间所做出的每一个决定，并且这些选择会根据不同的决定以不同的经济数字呈现。

当然，所有的父母都希望自己的子女能够做出明智而正确的经济选择。然而，这种能力并不是靠几次经济教育就能获得的。唯有通过在各种选择的情况下经历成功与失败，有意识地通过自我反省改变态度和行动，才能够养成良好的经济习惯。

此时，最重要的老师就是父母，最好的课堂就是谋生现场。子女就像是父母的试纸，而谋生现场便是一个很好的教育博物馆。子女在成长过程中，看着、感受着父母的人生，听着父母说的话会进行无意识的学习。

不要一味地催促孩子完成当下的功课，现在也不晚，去和子女们坦诚地交谈人生和谋生现场吧。因为在他们未来的人生中最需要的学问，是父母在谋生现场中经历的人生。

关于子女的经济教育方法三：

为孩子准备一笔资产，让他们可以信任和依赖

我的熟人中有一位金律师，年薪超过10亿韩元。现在的他可是一位事业蒸蒸日上的亿万大律师，然而，他也有过鲜为人知的时代。二十多岁时，他也是一个愁闷的应试生。司法考试中，屡屡遭到失败，就这样度过了二十多岁年轻时光。到了三十出头，他心想这是最后一次尝试，结果还是落榜了，周围的人异口同声地劝他另辟蹊径。家里还有三个妹妹等着结婚，因此，他也不忍心向父母伸手求助。

就在他失落沮丧时，父亲叫他回一趟老家。在回乡的火车上，他想着自己人过三十还没有独立，内心五味杂陈。当他怀着沉重的心情到家后，父亲冷不丁地递给他一个存折，还鼓励他说："这是我为了你每月存下来的，这笔钱是你的，以后你来管理吧。一个大男人，别为了几次失败就沮丧。既

然下了决心，就鼓起勇气再挑战吧。”

他在父亲怀里流下了之前一直憋在心里的泪水。第二年，他在父亲的帮助下，终于荣登榜单。考虑到金律师现在的收入，当日父亲给他的钱可以说价值几十亿韩元。这种基础资金才是可以使子女的人生发出闪耀光芒的最佳投资。

用长远眼光
将投资效果最大化

父母在子女真正需要的时刻提供的一点帮助，对子女而言，会成为彻底改变他们人生的巨大力量。然而，有很多父母却是反其道而行之。在孩子不到10岁时，为了超过孩子能力的事情而做大投资，而当孩子真正需要帮助时，却因为没钱而着急万分。这就像是一个为预选赛全力以赴，结果到了真正关键的决赛，却受挫的教练一样。

在父母未能把子女培养成独立的成人的状态下，在关键时刻钱又花完了，此时子女很可能会对父母产生巨大的背叛感，这意味着此时父母会陷入两难的困境。为了防止这种情况出现，父母要和子女分享目前的一些财务状况，使子女和父母商量而定自己的道路。这种方法虽然实施起来并不简单，但它是让子女变得独立和坚强的秘诀。

即使是一个根本不会冲动购物的人，在培训学校听到对孩子有好处的东西，会轻易地打开钱包。想给孩子提供最好的教育机会，身为父母这是人之常情。

但是，子女想做什么就盲目地支援，或者向子女提供父母认为最好的一切，这种做法并不是万能的。得有原则性，从长远的角度去规划如何支持子女，这才是当务之急。父母需要制定一份均衡的计划，把当下就要用到的教育费和为子女未来奠定基础的费用分开准备。

我们来冷静地分析正在支出的子女教育费吧。如果你不确定投资效果，那么，就请你把这笔钱存到银行，利用复利原理来增加收益，直到你的投资效果能够最大化。待孩子长大后，将这笔钱交给孩子用作他们自立的基础资金。花几十万送孩子上培训学校，并不代表对子女的教育就会成功。对子女而言，最需要经济支持的时机并不是他们小的时候，而是上初高中时期；比起初高中时期，更需要支持的是上大学时期；比起大学时期，更需要支持的是他们组建家庭时期。

从犹太人的家庭共同体系统中能学到什么

几乎没有哪个父母会眼睁睁地看着马上就要结婚的儿子因为没钱交全租房押金而苦恼，也不拿出自己的养老金为儿子解围。明知道这么做，到了晚年自己有可能会陷入贫困，为人父母，还是要先支援子女。然而，用这种方式支援已成年的子女，父母到了晚年极有可能陷入贫困阶层。一想到这些，父母就很苦恼。韩国资本积累周期短于发达国家，那么该如何解决父辈的这些后顾之忧呢？

答案可以在犹太人的家庭共同体系统中找到。我们必须学习犹太人的智慧，学习他们是如何系统地建立基础资金，以备孩子们进入社会。

我们可以从犹太人的重要仪式之一——“犹太教成人礼”（Bar Mitzvah）[23]看到犹太人子女教育的一个方面。在韩国，成人仪式会在满20岁时举行，但是犹太人，在满13岁时[24]，举行成人礼，他们认为这是他们开始按照律法生活的时机。

在成人礼当天，父母和亲戚、受邀参加仪式的朋友们会送给主人公一笔红包。红包根据父母的能力和客人的身份会有很大差别，不过，据说生活在美国的犹太人（美国的犹太人大多数是中产阶级以上）能够拿到5万美金（价值超过5 000万韩元）。这笔钱是为了给孩子做经济独立的基础资金，由父母保管、储蓄和经营。换句话说，犹太子女在13岁时，就已经有了一笔种子资金，可以设计自己未来的经济独立。就像前面我们提到的金律师的父亲为他准备的存折一样。

你看！这笔种子资金以年复利7%[25]运作，大约10年后，到了子女年满23岁大学毕业时，就会翻一番，达到约1

亿韩元，20年后，当他到了结婚适龄期时，就会翻两番，达到约2亿韩元。意味着他站在起跑线时，就已经拿着可以准备一个小房子的资金了。

不要一味地叫孩子去独立，而是身为父母，要制定一个长期的策略，为孩子创造一份他们可以在一定程度上信任和依赖的资产。

焦　点

区分需求和欲求的零用钱管理系统

领到零用钱并自己管理的孩子会习惯性地计划和管理日常生活中所需要的钱。通过自主花钱的过程，意识到选择的重要性，并区分“需要”和“想要”之间的差异。

缺乏经济能力的人，往往分不清“需要”和“想要”的不同之处。他们会混淆生活中的必需品和想买的东西。他们应该从小就学会，购物时选择上的一个小差异会决定未来财务状况。只要学会控制欲望的方法，那么零用钱就已经发挥了足够的存在价值。

零用钱管理系统，
该如何高效进行呢？

我来介绍一下我对子女们进行的零用钱管理系统吧。每月22日，我都会给长子和次子的存折存零用钱，从工资账户直接转到他们各自的存折。此时，以父母的名字办理存折，会在实际办理现金卡时更加方便。因为当子女丢失现金卡时，以父母的名义办理补办手续会更容易。

然后，把现金卡和存折交给两个孩子，让他们想用多少就从银行ATM（自动取款机）机取出多少。此时，多次取款也不会发生手续费的存折会有利于节省手续费。要知道手续费可不是一笔小数目。孩子们的零用钱不多，而且还会随时取钱出来，因此，办理零用钱存折时，必须要办理没有手续费的存折（举个例子，我工作的韩国渣打银行，办理Do dream存折就不用交手续费了）。

手机通信费等根据个人选择支付的款项，会在零用钱存入当日，自动从零用钱账户转出。对于自己选择的较贵的话费套餐，就由他们自己来负责。

我还向孩子们公开每月家庭支出的信用卡交易明细。当信用卡交易明细邮寄到家后，会统一保管在一个文件箱内，每个家庭成员都有机会阅览。

子女有时候看到用父母辛苦挣来的钱支付的交易明细，

会感到吃惊。有时候儿子会认为花得太多。

分享信用卡交易明细后，还会发生儿子看到明细后，建议说“爸，是不是花太多了？咱们少出去吃饭吧”，它也会成为我们在购买衣服时再做考虑的参考。我的初衷是想让子女了解家庭的经济状况，帮助他们适应现实。

通过告诉孩子父母赚多少钱以及都是怎么使用的简单方法，能提高孩子的金融智能。

Ⅲ

第三部
金钱的解决方法：

我们要靠一个月工资、一天的收入来解决钱的问题

即使世界变了，

金钱的根本原理是不会变的。

想法变得复杂，担心也变多了，

但是我们只要知道该抓住的重点，

将其付诸实施，

就绝对不会后悔。

即使世界改变，
但是金钱的根本原理并不会改变

直到2008年中期，金融市场一直都处于完美的环境中。资产管理回报率高，无论投资什么，都像迈达斯的触摸（Midas Touch）一样，具有点石成金的效应。

然而，2008年，油价飙升至150美元的天价，令全世界为之紧张，泡沫也随之在最令人不安的环节上破灭了。随着美国雷曼兄弟的破产，美国的次贷危机让全世界陷入了更严重的深渊。席卷全球的金融危机瞬间改变了市场的流向。

次贷金融危机是人类的贪婪与控制欲相碰撞所引发的一场危机。脱离控制轨道的贪婪增加了资产负债表上的债务，通过表外融资（off balance financing，以不出现在资产负债表上的方法获得资产）将难以衡量的巨大债务转换成了资产泡沫。最终，膨胀到极点的泡沫终于破灭，让很多人陷入了

痛苦的深渊。史无前例的事件通过网络向全世界直播，让所有人不寒而栗。世界彻底改变了。

仅在韩国，代表性产业就走了下坡路，整个国民经济停止了增长。而且，人口老龄化在前所未有的低出生率下急剧推进，现实中每年有70万～100万人退休。需要花钱的人在增加，而挣钱的人即缴纳养老保险费的人却在急剧减少，这就是所有人面临的现实。

经济低增长时代，
要建立良好的理财投资计划

我认为韩国已经进入了“失去的五年”时期。也就是说，该是担忧韩国是否会像日本陷入失去的二十年萧条时期，预测经济衰退将加深到什么程度，并制定替代方案以摆脱困境。**至少未来十年，在理财投资方面，最好不要期待什么“强劲增长的项目”。为了不遭遇强力的挫折，我们需要以“过得去的项目”为基本前提规划未来。**

是的！在这个新常态（New normal）时代，我们需要建立的是一个过得去且能积累最低利润的“踏踏实实的理财投资计划”。

我曾收到过数百名读者发来的写有理财问题和故事的信函和电子邮件。他们想要一个解决方案，并且想知道如何才能解决他们的资金问题。读者问到，生活中的收入该在何处

以什么方式存款和投资，才能够安享晚年而不为金钱苦恼，或者问到，拿着寒酸的薪水是否还能为未来做准备。还有人写到自己十分迫切地想要好好计划财务，这样至少可以避免到了晚年后悔自己做过错误选择。

在金融危机之前，“好好挣钱，好好投资”的逻辑还能讲得通，但是现在，时代潮流已经彻底改变。所有人都承认，这是一个活着十分不易的时代。

不过，即使世界改变，金钱的根本原理是不会变的。人们的想法变得复杂，烦恼也更多，但是我相信，只要我们明确知道自己要抓住的核心，先将其付诸行动，至少能够避免未来后悔。

在这部分，我们来明确整理一下需要实践的内容。了解我们需要关注的需求，绘制适合该需求的资产蓝图。在第四部，为了我们最担心的未来和晚年，介绍了根据需要需关注的五个退休准备知识以及创建六个退休账户的原因。

理财计划中不可动摇的原则

有一段时间，人类乘坐的船继续着令人愉悦的航行。大海风平浪静，天气晴朗。过去几十年，前几代人（Generation）的经济活动让我们沉浸在一番宁静和舒适的美妙处境中。

然而，就在某一瞬间，人类回过神来时，情况已经发生了突变。迎面袭来的波涛折磨着我们，之前灿烂照射的太阳也退隐到了乌云背后。就像你之前尽职尽责的公司一夜之间发生突变给你下发调令，就像你倾尽钱囊准备的如天降礼物般美好的房子突然有一天让你觉得像一场灾难，就像曾经有很大希望的投资项目如今成为阻挠人生成长项目推进的障碍物，这个世界已经彻彻底底改变了。

我们乘坐的船出现了洞，我们拼命舀出船底的水。我们这一代人都在为各自的人生而努力，然而我们对财务方面的不安确实呈现出了增长趋势。

如何才能克服这种不安，设计充满希望的未来呢？首先，我们需要在船上找到那个洞。

为你想要的人生
而管理金钱

我听说过很多关于投资失败后不知道该怎么办的故事。他们说在理财投资的热潮中，自己也在基金、再开发、房地产等方面做了投资，不料经济状况突变，资金被套牢，资产价值暴跌。每次听到这些故事，我都有一种对号入座的真实感。因为自己就有过类似的失败经历。

我通过痛苦的理财投资经历，懂得了失败的根源。意外遭遇外界经济状况的突变，使得资产价值暴跌，这都是不可避免的。我们需要做的是反思我为什么会落入这种境地，找出让我多次遭遇挫折的因素。

几年前，有一位三十出头的读者来到我的办公室。喝了一口茶后，他开始讲述自己辉煌的理财投资经历。我静静地听着，发现这是一个极具节约精神的年轻人。自二十五六岁找到工作起，他忍受着周围同事们的指指点点和冷遇拼命攒钱，终于攒到了近1亿韩元的一笔巨额。

他攒钱的那个时代，是全世界房地产和股价正向着最高峰飙升的时代。他按照平时看理财投资书籍学到的知识，将攒到的钱以最高利息存入了可随时存取款的综合管理账户，到此做好了理财投资的准备。

故事听到这里，是不是很像现在已很罕见的年轻人的理财投资成功事例呢？就感觉他很快结束了艰苦时期，迎来充满希望的美好时光。然而，后面还有一个大转折。一个电话，把他的钱变成了未来遥遥无期的土地。他接到一个据说对房地产市场很懂行的大伯的熟人打来的电话，他的心怦然一动。听到有一块即将开发的土地正在以极低的价格挂牌出售，他内心为自己终于抓到了好机会而欣喜若狂，就把自己所有的钱投入其中。然而，后来才发现，这是根本卖不出去的地块，他上了房地产公司的当。

他给我出示了空空如也的银行账户，恨自己连官方地价都没有确认就买了这块地，简直太愚蠢。恨自己一心想挣钱，盲目做投资，把辛辛苦苦攒下的钱毁于一旦。看到他沮丧地耷拉下来的肩膀，我看到了这个年代为金钱而失去希望的人们的影子。

近年来，到处都可以听到和看到，有些人为了设计丰衣足食的未来而迈出了希望的第一步，却陷入了绝望泥潭的案例。有夫妻为卖了房子也还不清房贷的房子而离婚，有即将举办婚礼的恋人为基金价格骤减一半以上而分手，有四十多岁的家长为负担子女昂贵的培训教育费而不得不在下班后，凌晨爬起来去当代驾司机……这些事例非常多。

想把金钱当成好仆人来使唤，不料钱反而变成了苛刻的主人，让我们受苦。这种故事在量产“房屋穷人”和“婚礼穷人”等各种穷人系列的同时，已然成了时代的主题。财务不安，就像是一片乌云遮挡了人们心中的希望。

我给他讲了一个故事。

在某村，有一个前途无量的年轻人，他以无比诚实的人品受到周围人的普遍认可。在职场，亦是如此。他的工作效率是其他同事的两倍多，是工厂里最有前途的人才。然而，奇怪的事情发生了。他做的产品中开始出现多于别人的不良品，无论他多努力，这种局面始终得不到改善。公司无法承受持续出现不良品的现状，只好解雇了他。

在他被解雇之后，同事们在整理他的物品中发现了持续产生不良品的原因。原来他所使用的卷尺刻度是错误的。他只是一味地加速，却忽略了最需要重视的核心价值。

财务规划失败的最大原因是核心价值的缺失。曾经，我们的社会已经忘记了攒钱的目的。大家都在关心的是快速挣钱、持有更多的钱，却忽略了目的，忘了问“为什么?”

以攒钱和增加收益的方法为中心，设计了缺乏长远眼光的短期规划，因此导致缺失可维护人生存在价值的长期设计。

钱虽不能决定幸福，但可以成为衡量标准

我们在制定和实践财务计划时，必须检查一些事项。那就是，我们内心深处根深蒂固的本性和执念，它们就像是那个刻度出错的卷尺。现在，来回答这几个问题吧。

“你为什么挣钱？存钱为的是什么？”

“你真正想保护的人生是什么样的？”

在管理钱的时候，最初的动机非常重要。一旦开始离开这一点，我们的心和思想的自动系统必然会陷入无法控制的诱惑当中。来访问我的那位读者也是因为忘记了为何需要金钱而盲目地进行管理，从而遭遇了金钱突变为毫无价值的地块的灾难。他也有自己的财务计划，不过，这个计划的核心缺失了“实际需要”这一正确卷尺。真正的需求才是我想维持的人生所真正需要的东西。

如果你不去关注真正的需求，很容易被高额利润的诱惑钻空子，被“徒劳虚无的希望”取代。“徒劳虚无的希望”会令你过度考虑金钱，会唆使你去跟随逃走的金钱。为了提高所有的价值，你甚至不惜廉价卖掉自己的存在价值。

但是忠实于真正需求的人，会关注工作和人，而不是金钱，也不会贪图无根据的收益。当我们忘却真正的需求时，过度消费的诱惑会助长我们虚假的渴望。要知道这世界充溢

着不计其数的虚假和谎言。

人们总是不断地将自己与他人作比较，渴望拥有别人所拥有的东西，为虚假的需要所心动。因为他忘记了真正的需求，会受控于虚假的需求。真正遵循真实需求的人，是一个存在价值十分明确的人。

就像奥德修斯为了抵住海妖的诱惑将自己绑在桅杆上，我们需要学习明智的花钱方法，改变在错误观念的影响下变得虚假的心，保护自己真正想要的人生。如果我们忽视真正的需求，那么，懒惰的诱惑就会向你招手，将你吸引到虚假的愿望上。

“不用准备，我的未来也能高枕无忧。”如果你相信了这个虚假耳语而无作为，那么，真正需要钱的时候，你就会陷入困境，不得不依赖他人。而懂得真正需求的人，会为未来做好准备，会不动声色地为他人着想。

严格地站在需求的角度看待金钱

二十多岁到五十多岁这段时间是人生的全盛期。这段人生的现值简直可以与黄金的价格媲美。我相信这个年龄段的人可以解决任何财务问题。人不应该由金钱来衡量，但如果将他们未来挣到的收入转为现价，那么就等于他们拥有了巨大的能力（talent）。[26] 只可惜，拥有如此巨大才能和价值的存在中，经常有人忘却被赋予的才能之宝贵，将人生抵押给了债务和消费。

在这里，有一点我们必须要记住。钱虽不能决定人生的幸福，但是挣钱和用钱，却可以成为人生的评价标准。懂得为何需要金钱，抱着明确目的去做准备的人，也懂得自己被赋予的使命。

但是，忘记为何需要金钱，也毫无具体准备的人，有可能会在晚年面临严重危机。一个人如果只有想做的欲望，却没有周密的计划，那么就等于是在妄想中做梦。希望你意识到冷静地管理你人生中的金钱是有多么重要。

“要是我好好管理那笔钱，也不至于落到现在这个地步……”

我曾经遇到过许多五六十岁的读者，直到他们变老，收入减少以后，才后悔之前拿到高薪水时没有进行妥善管理。他们这一生也是非常努力和认真的，最后还留下了遗憾，我一直把他们的话铭记在心，因为我想他们之所以给我讲这些事情是想让我从中获得教训。

现在，该去寻找真相了。像别人一样去消费的话，花钱的那一刻自然会感到心跳加速。然而，这种兴奋很快就会消失，因为这不是真实的，是虚假的热情。

那么，为了你想要的人生，该放在财务计划的核心价值上的“真正需求”是什么？不用想得那么复杂。你就把你需要的列出来即可。有眼下需要的（生活费、房子）和未来需要的（晚年的养老资金、子女抚养费、创业启动资金等）、应急需要（保险）。[27]你需要挣钱才能为家人提供生活场所和日常食物。还有，我们生病、变老而无法挣钱时的需要以及应急时的需要。

从今往后，我希望你能站在需求的角度去看待你每月的收入。如果你知道你的需求，就不会做出愚蠢的行为，就会懂得自己所拥有的和挣钱的可贵之处。当然，需求是主观的，所需要的金额大小会因人而异。但是我认为这里还有一个造物主隐藏的秘密，那就是，需要的容器越大，流向你的金钱也会越多。

如果你想获得更多的财富，就必须培养“需求的容器”。如果你对养家、帮助经济上困难的邻居等事情变得敏感，那么需求的容器就会变大，容器变大后需要的钱就会流入大容器中。

当一个人超越了自己的需求、小家的需求，还参与他人的需求时，他的容器一定是很大的。这种真正的需求不仅能使我们的财务保持健康和坚挺，还会使这个社会变得光明。因为按需使用的钱，会带来富足而丰盛的人生奇迹。

当你除了真正需求外，不过分去想钱，丢弃对钱的执念时，钱会反过来会跟着你。这是一个好办法。放空心态，需要多少就想多少。这样就能产生洞察力，看透工作、人和投资的本质。

创造一棵能丰富你未来的摇钱树吧

财务管理就像是下围棋。就像围棋中每次有机会下一颗棋子，我们也有机会按照需求将每月的收入进行分配。以“就这点钱还能干嘛”的负面模式去看待这个宝贵机会的人，和在现有机会的基础上规划未来的人，他们之间的差距只会越来越大。我们能够看到那些明智地管理财务的人，他们的人生呈现出的是良性循环。因为财力雄厚，所以生活中有了富余，工作状态稳定，自然业绩也会有提高，报酬也会随之而提升。

不要只为眼下的收入太低而唉声叹气，请你脚踏实地地规划未来会流入你手中的收入。如果你现在是35岁，每月挣250万韩元，那么未来30年，你将有9亿韩元收入，这可不是小数目啊。

听到这里，我想会有人抱怨说，你知道要花的钱有多少吗？这点钱还不够花呢。我们要知道抱怨改变不了任何东西。即使你觉得目前的收入很少，也还是能够根据目前拥有的，制定出财务计划，并将其付诸行动，逐步增加收入。

千万不要以为，金钱会像你全盛时期那样持续不断地流入囊中。现在，是因为你处于涨潮期，金钱会持续流入，但是到了如人生退潮期的晚年时，就不再有水流入。理财投资的第一步，是趁你在挣钱时、趁你能够挣钱时，好好利用涨潮期进来的收入。

让金钱的种子发芽，培养出枝繁叶茂的发财树

到现在我所遇到的富人导师们的起点，都是来自他们谋生时期挣到的一笔小小的收入。**请你一定要记住，随着忽略每月挣到的收入而随意播撒种子，原本可以滋养你未来的摇钱树（Money-Tree）正在一点点地枯萎。**

培养出大摇钱树的真正的富豪们，坚信每一粒钱的种子都能培养成一棵大摇钱树。他们挑选好田地，一一种植谋生过程中发生的现金流，逐渐将其转化成投资收益，即摇钱树的种子。在理财投资世界，钱的种子可以说是本金。那这笔本金都是怎么创造出来的呢？大部分本金来自你在自己的领域努力工作而获得的收入。无数白手起家的富人们都是致力

于收入的持续产生，并且在收入的基础上慎重做理财投资，将其培养成巨大的摇钱树。并非收入多的人，就能创造出大摇钱树、重要的是种子。表3–1能很好地说明这一点。

表3–1　投资者A和B的钱种子变化

投资者	月收入（韩元）	月支出（韩元）	可投资的钱种子（韩元）
A	1 000万韩元	950万韩元	50万韩元
B	200万韩元	100万韩元	100万韩元

在投资者A和B中，你认为10年后，谁的摇钱树会更大?

乍一看好像是月收入更多的A，然而，根据所投入的钱种子来看，B的摇钱树一定会长得更大。B虽然收入少，但他深知每月收入的重要性，一边节约一边慎重投资，这样就能播下多于A的种子。

所以，B的摇钱树自然就会更大。而另一方面，A本来可以为将来准备更多种子的，然而在宝贵的本金上遇到了损失或因过度消费而未能做到。

在这里，我想强调一点。很多人并不清楚自己收入的确切金额，而且也不知道如何去管理收入。一辈子都没有好好管理过存折的人，就是属于这类人。

不知道自己收入的价值和管理方法的人，很难致富，即使拿到了一大笔钱，也无法管理好金钱。

每天增长0.1%，
1年获利36.5%

能够管理好小收入的人，也能管理好大钱。工作中赚取的收入可以一点点积累成大笔钱，然后它再经过滚雪球的过程，成为被动收入，再然后，被动收入就可以支援你在工作中获得成功。

遗憾的是，有很多人无法在理财投资的收益和工作的收益之间决定优先顺序，也忽视自我发展。假设你每天通过自我发展每日成长0.1%，那么一年之后，你就能获得36.5%的惊人收益。

如果你努力10年，结果会怎样呢？我们可以换算成钱来证明，就等于你拥有了22亿韩元。如表3–2所示，这和通过年5%、年10%的理财方式获得的利润完全是不可比的。希望你在自己经营管理的“自己株式会社”获得成功。

表3–2　10年理财投资

投资时间（单位：年）	方案A	方案B	方案C
1	5%	10%	36.5%
2	5%	10%	36.5%

续 表

投资时间（单位：年）	方案A	方案B	方案C
3	5%	10%	36.5%
4	5%	10%	36.5%
5	5%	10%	36.5%
6	5%	10%	36.5%
7	5%	10%	36.5%
8	5%	10%	36.5%
9	5%	10%	36.5%
10	5%	10%	36.5%
年平均收益率	5%	10%	36.5%
最初本金	1亿韩元	1亿韩元	1亿韩元
10年后本息	162 889 463韩元	259 374 246韩元	2 245 569 566韩元

你所从事的工作对“财务上的成功”起着非常重要的作用。因此，如果你把自己的才能、热情、天赋和经验投入到你选择的有意义的工作中，那么你就能发挥出巨大的潜能，取得更多的成果和报酬。[28]

久而久之，人生也会富余，工作的熟练程度也会有提高，大脑更富有创意，从而你的人生就能出现良性循环。一句话，就不会再为金钱而烦恼。

很多人在谋生过程中并不能享受到良性循环带来的快乐，只会一门心思跟随钱，盲目地进行不切实际的理财投资。真的令人着急。

当金钱和时间相遇时，就会发生神奇的魔力

资金管理失败的最大原因是你犹豫不决且不立即执行。一个从年轻时起就开始理财的人，和一个一天天推迟执行的人，即使他们开始时的条件是相同的，10年、20年后甚至到了晚年，两个人之间的财务状态的差距会急剧拉大。这种差距只会随着时间的推移扩大，而不会缩小。[29]

二十多岁时，沉浸在青春的欢愉中，三十多岁时，以婚育为借口，不愿意为将来做准备。但是，如果你知道你在年轻时错过的时间到了未来会带给你多大的不利，那么你的想法或许会有改变。

哪怕是一天也好，抓紧时间尽快开始管理金钱，这是取得财务成功的最重要原则。越早开始，你所要付出的努力就会越少。即使你存很多钱，如果存款时机晚于他人，那么这笔钱的效果还是比不上早于你存的钱。

越早开始理财，账户上的钱就会越多。如果你能最大限度利用时间，那么现在的资金虽少，你也能够设计出美好的未来。

想更快地攒到钱，
就要给它赋予力量！

富人认为，金钱是一颗种子。哪怕是从指缝中溜走的零碎钱，只要能紧紧抓住，那么在理财投资中成功的可能性就会增加。

把它应用在更现实的案例——筹备种子资金上吧。假设每天存1万韩元，一年存365万韩元吧。以年5%的复利做投资，需要花几年才能准备1亿韩元呢？

居然需要17.3年。每天存1万韩元，坚持存上17年多，才能存到1亿韩元，如表3–3所示。不过，要是你觉得为了1亿韩元还要等待17年实在太难，那么该怎么办呢？有没有方法更快速地培养这棵1亿韩元的摇钱树呢？比如，在10年以内或5年以内。

方法当然有。每天种下几张1万韩元的钱种子，而不是1张1万韩元。如果我们把每天的存款额从1万韩元增加到2万韩元时，就能够在10.4年内攒下1亿韩元。如果存款额增加到3万韩元时需要7.5年、4万韩元时需要5.9年、5万韩元时需要4.8年，即可成功拿到1亿韩元，如表3–4所示。

现在你明白钱可以成长为不可估量的摇钱树了吧？请你务必改变对零碎的小钱的看法。攒下小钱，创造出大钱的奇迹。

无论你为了生活费和教育费过得多么艰辛，都可以开始存钱，总有一个适合你预算的最小金额。退一万步讲，做不到每天存30 000韩元，那3 000韩元还是能够做到的吧？每天存3 000韩元，那么7.5年内你就能拿到1 000万韩元的种子资金可以利用。

表3-3　每天存1万韩元，以年5%做投资时，存到1亿韩元所需要的时间

单位：韩元

投资期间	1万韩元	年5%	复利收益
5年	1 825万	万	万
10年	万	万	万
17.3年	万	1亿	万
20年	万	1亿2 544万	万
30年	1亿950万	2亿5 416万	1亿4 466万

金钱的秘密就在于此。再进一步，如果能每天播下3颗3 000韩元的种子（每天9 000韩元），那么你就能够在7.5年内拿到3 000万韩元的种子资金。

现在就去挑战吧。你能做到。你要做的就是去尝试！

表3-4　根据每天存款额，预估达到1亿韩元目标所需时间

单位：韩元

每日存款额	1万	2万	3万	4万	5万
1个月					
1年					

续 表

每日存款额	1万	2万	3万	4万	5万
4.8年					1亿
5年					
5.9年				1亿	
7.5年			1亿		
10年					
10.4年		1亿			
17.3年	1亿				
20年					
30年					

享受沉睡在钱包里的
1万韩元的奇迹吧

还有一种方法可以更快地达到筹资目标。那就是赋予1万韩元更多的力量。怎么给钱赋予力量？提高复利收益率即可。这并不是不切实际的想法。把税后的年复利从5%提高到6%，从6%提高到7%，再从7%提高到8%。当然，投资时机也是分适合的和不适合的。不合时宜的投资不是勇敢，而是鲁莽。

我们来看看给1万韩元赋予力量时，这1万韩元能够成长为多大的树木吧（见表3–5）。

表3–5　每日1万韩元，持续1年，共投资365万韩元时的复利收益

投资时长	5年	10年	20年	30年
本金	18 250 000	3 650 000	7 300 000	10 950 000
年5%	20 735 091	47 359 018	125 438 165	254 164 507
年6%	21 284 551	50 014 982	141 143 726	307 182 938
年7%	21 853 087	52 863 052	159 309 021	373 650 494
年8%	22 441 436	55 918 658	180 357 011	457 275 384

坚持存30年时，1万韩元能给我们带来的并不是本金1.095亿韩元，它会在复利的魔力下以约2倍、3倍、4倍、5倍成长。知道了这一点，怎么可能不为复利着迷呢？

我再强调一遍，你钱包里的一张钞票，当它和时间差复利相遇时，就有机会转变成核心资产，它不仅支持你的人生，还能为你的人生带来富足。赶快走上复利之路吧，它能使少量资金增长成为核心资产。如果迄今为止你还没有应用过复利，那么现在就下决心吧。该是为活出复利人生而采取行动了。

四十岁，为什么这么努力，却总是在为现实中的金钱问题而痛苦呢？

每个人都在努力活着。尤其是在韩国，中年人活得比谁都辛苦。忙得分身乏术，热衷于增加收入。可为什么还是经常受到金钱问题的困扰呢？怎样才能找到答案解决金钱的问题呢？

有很多次，听着中年人谈起有关金钱和人生的问题，我会感到心疼。大部分人努力认真地生活，可依然没能摆脱现实中金钱的问题。

中年人的心情是很复杂的。有时候还会感到自己被人骗了很久。有的人之前以挣多少钱来衡量成功，然而到了中年，这种想法会改变。他们对待工作、他人和财富的态度会在中年时期迎来一个很大的变化。

圣人说过四十不惑，可我觉得，四十岁，很容易迷失方向，左右摇摆。年轻时一身轻松，即使摇摆摔倒，对身体的打击也不会很大。可人到中年后，上了年纪，身上的负担就会加重，摔倒一次，对身心的打击可不小呢。

三十多岁时，还能一边堵消费窟窿一边投资，还安慰自己这是为实现梦想奋斗的过程，可到了四十多岁时，心情就会有变化。信用卡还款、孩子的教育费……需要花钱的地方太多，挣的钱永远不够花，一想到这里就感到心情沉重。四十岁的梦想是什么？当中年人站在谋生和子女教育这堵现实的墙面前时，早已远离梦想了。要是平时攒下的“几分钱”遇到房价暴跌或股市暴跌等灾难，那简直就是雪上加霜啊。

因为现实中钱的问题
梦想早已变得遥遥无期

夫妻俩默默地用充满困惑的复杂眼神望着对方。争吵的起因是妻子秀敏的父亲的七十寿宴。秀敏出于孝心，计划全家人去济州岛旅行。然而看到丈夫冷漠消极的反应，多年来积在心中的情绪终于爆发出来了。

秀敏是公立学校的老师，之前一边育儿一边还要和丈夫一样工作挣钱，感到身心疲惫，借着机会把心中的怨言一股脑吐露给了丈夫，而在建筑设计公司上班的丈夫韩民则心想，自己负责赡养全家，妻子怎么就不能理解自己的苦衷呢？为此，丈夫的心中也憋着一股火。

由于最近经济萧条，丈夫韩民所在公司的业务量明显减少。韩民内心总在担心自己这种工薪生活还能维持多久。各种账单和每月必须支出的父母赡养费、子女的培训费，还有各种红白喜事的礼金……都像潮水般不断向他袭来。就在这时，妻子开口，突然说出要花一大笔钱，使他不禁面露难色。他们俩想不通到底是哪里出了问题。这么多年来，两个人一直都在辛勤努力地工作，总觉得只要努力日子就会好起来。现在，两个人的收入和15年前结婚时比起来，达到了近两倍以上，可幸福却变得很遥远。当然，他们有了房子，也有了车。资产负债表上多了好多项看似富丽堂皇的资产，同时，他们的债务也在增长。

上面这个案例不只是一个家庭的金钱问题。这是韩国40多岁中年家庭的现状。为什么会变成这样？当然原因有很多，但是，首先我们必须要提到的是结构性开支。因为名义上的收入再增加，实际收入其实并未增加，所以人们才会过得艰难。随着收入的增加，政府要求的税、社会保险费等各种费用的金额只会继续增加。四十多岁时的收入是人生中的顶峰，这时，需要向政府缴纳的费用也会达到顶点。举个例子，每月工资500万韩元时，勤劳所得税和四大保险加起来就得缴60万～70万韩元左右。实际到手的月工资约430万韩元，12个月就是5 160万韩元。将来，随着老年人人数持续增加，强制缴纳的税金和四大保险必然会以超过通货膨胀率的速度增长。

如果你拥有房屋和车辆，就需要缴纳财产税和汽车税，这一部分每年要缴纳100万～200万韩元。由于税收不足的现象也在加剧，地方政府所征收的财产税和汽车税也只能继续上涨。如果你的房屋是两栋或汽车是两辆，那么税的负担势必会增加很多。

以进入超老龄化国家的日本为例，10年后的将来，税金和各种社会保险金在家庭收入中占据的比例会增加20%～30%以上，20年后，甚至会达到接近40%的水平（以当前负担15%水平的人为标准）。也就是说，和现在相比，极有可能增加现在负担的近一倍。这是一个压力越来越大的时代！

四十岁，
需要遵循金钱规划方法的时期

我们来一起罗列看看中年夫妻的家庭生活所必须支出的费用吧。[30]包括电费和水费在内，各种修缮、管理费每月以30万～50万韩元计算时，1年需要360万～600万韩元（据说，全世界还真找不到第二个电费像韩国一样便宜的国家。不过，政府控制电费的情况终有一天也会到极限）。

最近，通信费在家庭支出中所占的比重很大。手机本身

的费用和话费套餐加在一起，一个月一人花掉3万～10万韩元是很常见的。所以，四口家庭的话，仅是通信费，每月就要支出20万～30万韩元，一年就要向通信公司支付200万～300万韩元。到了中年，子女的校外培训费和学校的学杂费等费用金额就会到达一个顶峰。有两个孩子的家庭，每个孩子要支出50万～100万韩元的校外培训费，大学学费则是一年一人支出1 000万韩元左右。当子女还是高中生时，校外的培训费负担较重，而待他们上大学时，学费负担就会更大。在这里，我们姑且将这方面费用计为约1 500万韩元吧。

除此之外，还有很大一笔支出：餐费、外出就餐（包括文化费）、医疗费（包括药费）、交通费（车辆维护费）、衣物类费用等等。

按照统计厅发表的每户消费支出平均值来计算时，基于总收入（年6 000万韩元），会产生约13.6%的赤字。可实际上，上面费用还没有包括进去的支出项目还有很多，比如旅行费用、父母的赡养费、子女的特殊海外研修费、各种红白喜事的人情往来费用、房子或车辆用贷款购买需还贷的本金和利息等等，剩下的全都是债务。

是不是找不到答案呢？即便这样，我们也不可能再重新来过。因为脱离了原来的人生轨道，别说是成功人生，失败的概率太高了。陷入身心疲惫动弹不得的倦怠无力状态（burn out），也不能向他人抱怨。因为我还要对支持我的家人负责，为他们的生活负责。

“我要是一个人过……”，这种句子也就出现在语法假设中吧。“我是一个家长！”这才是现实。

人到四十，往往心中都藏着苦涩而痛苦的过往，也羞于对他人袒露。如同掉进陷阱一般，被四十的陷阱套住而慌张摇摆，根本不能相信孔子那句“四十不惑”。在二三十岁时，即使自己一无所有，因为心中还揣着现在开始努力挣钱，日子一定会好起来的梦想，还是能够继续坚持下去。然而过了四十以后，会意识到原来梦想和现实的距离如此巨大。

现在就要断开“马上支出→月工资→赤字”的恶性循环，转换到“收入→必须的存款→必须的支出”的良性循环。相同的月工资，也会根据具体规划方案而产生不同的结果。

我坚信，一个人一生中总还是能够挣到足够养活自己的钱的。就像有句老话说，“人一出生就是带着一生的粮食来的”一样。

改变观点，
财务规划的范围就能扩大

这是在一所中学食堂发生的事情。食堂是自助式经营，学生们可以从10个菜单中自由选择4种菜来吃。一

年后，校方对在食堂就餐的学生们进行了肥胖度检测，发现其中有20%被划入肥胖，而这一指数远远超过了全国学生的平均值。于是，校方为了此事特意召开了紧急会议。

“以后菜单全部统一成素的吧。”有一位老师以坚定的口吻发表了意见。但是如果把食堂菜单全部改成素菜，那么，任何学生都不爱吃食堂菜了，学生家长也一定会因此而怨声载道。

就在这时，有一位聪明的老师提出了这样一个建议。

“我认为即使不改食堂菜单，也能降低肥胖度呢。只要改变菜单的位置或者陈列方式，也能够引导学生们的选择。”

食堂就按照这位老师的好建议，把健康菜单放到明显的位置，把不利于身体健康的垃圾食品放到不易选择的位置。

就这样做了菜单位置的小小变动后，过了一年，再检测学生们的肥胖度，发现他们的肥胖度已经降低到原来的一半。这就是校方在过去一年，智慧地引导学生们做出选择而得到的礼物。

中学食堂的菜单通过一个小小的位置改变就带来惊人的结果，把同样原理适用到你的收入吧。在收入不变的情况下，财务管理方式上的微小变化也能够创造出坚挺的财务状况。或许你会想“就这点变化能有什么效果”，然而，小小的变化在一年以后会作为惊喜回到我们手上。

收入不是问题，如何管理收入才更重要。挣再多的钱，如果管理不善，毫无用处。看上去会在财务上成功的人却遭到了失败，那么理由很简单，他一定是每年花了几百个小时去挣钱，但同时，并没有弄清楚这份钱该分配在自己人生中的哪些部分。

现在，请你果断扔掉陈旧的观点，用崭新的观点去规划你的财务吧！如果我们可以明智地规划自己的收入，那么不仅是目前的生活，连晚年的生活也会变得一帆风顺。

用三种消费设计方法
限制消费

我认为一个人努力地生活，得到的回报自然也会增加。不过，问题在于努力挣到钱后，到了消费阶段却支出了远超本人收入水平的钱。因为他会想“花多少，再挣回来就好”。这种想法会变成可怕的思想之锚，会成为阻碍良性循环所需设计的最大威胁。

请你仔细观察自己的内心吧。人出于本性，喜欢很短期的、瞬间性的以及感官上的事和物。这是人的本能。无论你这笔钱挣得有多辛苦，如果没有明确目的（必要性）地持有，那么它会离你最终要造就的核心资产越来越远。

这是因为人容易陷入内心潜在的“想花钱的本性”。深藏在柜子底下的钱、藏在储钱罐里的钱、为了理财投资而存到银行账户上的大笔钱……如果你没有给它们贴上带有明确目的的标签，那么，这些钱就会不知不觉间转变为其他类型的物件。

只重视核心，
按照需要和目的规划消费

挣再多钱的人，也赢不过按需要和目的管理金钱的人。希望你过完人生的全盛期后，不会因为过去而后悔。钱一旦离开了你的掌握，将来一定会带给你很大的教训。你会由衷感叹 :“跟现在比起来，年轻时期真是黄金期啊。”

明智地利用挣到的收入，也能够确保你的经济状况变得一帆风顺。在你未来挣更多的钱之前，一定要树立起自己的哲学，明确钱要花在什么地方。想明白自己的钱要花在什么地方，这个时间点越早越好，这样你就能节省未来你在财务方面所要付出的努力。

不要挂念非核心的东西。不做不应该做的，这也是成功管理金钱的关键点。

你要远离金融产品的诱惑，远离这个鼓励消费的社会潮流和巧妙地针对钱包、鼓励不成熟消费的信用卡分期付款的诱惑，以及通过分期付款和租赁轻松到手的金融产品，走自己的路，直到你在财政方面变得自信而独立。

这才是能够帮助你成功的财务规划的出发点，记住财务规划是一次漫长的马拉松。你只要下决心未来几年暂时过得

和别人不同，那么，几年以后，你就会发现自己的人生已经截然不同于他人。

当别人都被本性牵着鼻子走时，只有你能坚持不为本性欲求所影响的人生，这一行为定能获得几十倍的补偿。这是理所当然的，不是吗？

设计消费方法之一，开设一个目的明确的核心账户

设计消费的第一个方法，是应用禀赋效应（Endowment Effect）。禀赋效应是指，当一个东西为个人所有时，所有者就会想在卖掉它时获得大于其价值的补偿的心理。

人们总是在主观上对自己所有的东西赋予更多价值，或者明明是自己不怎么使用的东西，却又不舍得给别人。或者，因为持有本金的心理根深蒂固，即使已经亏本了还不愿意处理掉。这也与想逃避损失的心理有关。就因为如此，人们对物产生极为强烈的执念，而这种执念便阻碍了人们的理性判断。要知道即使是相同的东西，失去它时的痛苦是得到时喜悦的两倍。

像电视购物等领域正是将这种禀赋效应当作一种商务策略来应用的。他们在出售昂贵产品时，会打出广告说“您可以拿去试用一周，如果不喜欢可以退货”。他们利用的是消费者一旦收到产品，就会因禀赋效应而不会退货的心理。

我们可以利用禀赋效应心理控制消费。战胜黑暗的最佳方法是点亮照明灯。同样，减少消费和债务的最明智的方法，就是拥有具有明确目的的存款账户。

当你只拥有必要的核心存折时，就会喜欢上储蓄，并且这会成为一种惯性。随着存折一个个增加，你开始习惯于攒钱的乐趣，消费欲望也会随之而减少。就这样形成一个良性循环。

设计消费方法之二，
设计自信心账户

金钱与我们的自信有着密切关系。因错误的选择而损失金钱时，我们身上的能量就会被耗尽，从而失去自信心。身体的疾病来自心理，而心理的疾病来自金钱。这种情况十分常见。而失去勇气的人，很难成功完成一件事。

减少消费的最佳方法，是拥有核心资产。不过，核心资产中有一项是最为基础的。那就是“自信心账户”，它可以恢复你的自信，并防止你陷入负债累累的困境。自信心账户是指，月薪账户上至少要多保留2～3个月的生活费，以免遇到因突如其来的失业或企业倒闭等情况，失去收入或者遇到重病、事故等急需用钱的情况。假设一个月生活费是100万韩元，那么月薪账户上要保留大约200万～300万韩元左右的应急款项。汇入月薪的自信心账户，必须设计成可随时

存取款、利率高、免手续费的账户。

自信心账户会保护你不掉进过度消费的陷阱而用掉退休后的养老资产、基础资产、保障资产等核心资产。还可以为急需用钱的情况而做好准备，保护你不涉及负账户和信用贷款。

如果你不能如愿控制消费，在建立核心资产方面屡屡失败，那么我建议你先尝试在自信心账户上维持一定余额的基础训练。

很多人在没有打好基础的情况下进入实战中级课程，终究遭到失败。在月薪账户的余额为零或负数的情况下，提前借用手头的钱和债务来做投资就属于这种例子。虽然拼命投资，但不知从何时起，所有的财产都集中在一个地方，自己背负着各种债务，还在继续着看似还能挣钱实则受到损失的混乱理财局面。自信心账户上保持一定的余额是一项非常基础的训练，它能保护你的家庭摆脱债务和消费，并进行平衡的财务管理。

如果你的自信心账户上已备好2～3个月的生活费，那么，急需用钱时，就可以从自信心账户取钱，用完后再补充到一定金额即可。无须借钱，可以游刃有余地规划和控制消费，并且专注于其他的核心资产（退休金、与子女相关的项目、房子等）。维持自信心账户的余额，这个小尝试可以让你的注意力集中起来，促使你主动制定消费预算，控制支出。换句话说，它提供了减少债务、关注核心资产的契机。

设计消费方法之三，准确了解和管理债务

我在为众多企业和个人提供财务状况和现金流的咨询服务的过程中，了解到阻碍财务成功的最大敌人就是债务。如果你陷入了消费性债务，那么，很有可能你一生中的大部分宝贵收入就会用来偿还债务。

你挣到的钱，只能用一次。作为利息支出的钱，等于是在提前吃掉将来的投资果实。

下面通过金科长的案例来了解韩国四十多岁家长背负的债务真相吧。

> 金科长是一个三口之家的家长，年薪3 600万韩元。每月，需要还房子的抵押贷款80万韩元、信用卡还款50万韩元、家具或家电的分期付款50万韩元、汽车分期付款40万韩元。也就是说，金科长一家每月需要还的金额竟然达到220万韩元。

怎么样？你是不是觉得太多了？但是韩国大多数四十多岁的人，在家庭中都背负着这个程度的债务。如果金科长不把钱花在还债上，而是投资到资产配置基金（基于每年6%的历史回报率）上，那么15年就可以挣到6.5亿韩元，再过

5年，这笔钱就能达到约11亿韩元。金科长背负着消费性债务，就等于在浪费他未来成为富豪的机会。

那么金科长的房屋抵押贷款、汽车分期付款、信用卡还款等该怎么去控制呢？

| 房屋抵押贷款 |

韩国人对房屋和房地产的喜爱程度十分强烈。在韩国，每个家庭（个人）拥有的房地产和金融资产的比例为4∶1，也就是说韩国人持有的房地产为金融资产的4倍以上。而在美国，人们拥有的金融资产比房地产多，比例为6∶4。从全世界范围来看，韩国人的房地产持有比例也是非同寻常的。

这是房地产投资浪潮持续了30年的结果之一。拥有一套房，仿佛变成了韩国家长的最高目标。一个不小心，就可能把一生挣到的大部分宝贵收入用来购买自己的房子，一旦被套住，就没法准备其他的财务安排。如果韩国的房地产价格突然下跌或你自己突然失业而没有了收入，那么你的财务状况可能会陷入一个大危机。在偿还贷款本息的同时，还需要为自己准备退休账户，为子女准备投资账户，以防万一准备应急保障性保险资产。考虑到这些需要，必须管理好住房抵押贷款和信用贷款，使贷款本息偿还金额不超过收入的20%。

| 汽车分期付款和租赁 |

汽车的租赁或分期付款，对一个家庭而言，是仅次于住房抵押贷款的第二大负担。致富路上最大的障碍就是汽车分期付款，这么说毫不为过。假设没有能力用现金购买汽车的人，以每月40万韩元贷款60个月的条件购买汽车时，他会陷入逆向复利的泥潭，不到3年就会把眼光转向新车。

如果他再次分期购买一辆新车，那么车款将会成为他花上一辈子偿还的债。用一辈子偿还每个月40万韩元的金额，那么，同时他也就失去了创造其他资产的机会。

假设你为了购买汽车而借钱，那么所购买的汽车的价值会随着时间逐渐降级。最后只剩下债务，而汽车蚕食了你未来的收入。一旦有了债务，你的脑海中会有一种想法，认为我现在花的是我未来的收入，在当下的现实中挣钱的欲望会减少，也因此掉进日复一日原地转圈的恶性循环。

你想用汽车换取退休资金吗？如果从30岁到60岁的30年期间，每个月将40万韩元投资在年利率为6%的资产分配基金上，那么到了60岁，就能够为自己筹到大约4亿韩元的可观的退休基金。

| 信用卡使用金额 |

消费带给人的是活力和愉悦。不过，很显然，这种愉悦是需要付出代价的。当我们从口袋里掏出现金去支付时，总会感觉到一种痛苦，这就是代价。而信用卡则是巧妙地延缓了使用现金时的痛苦，可以说信用卡是一款把消费行为伴有的愉悦感最大化的金融产品。有了它，即使现在没钱，也能够以信用换取一张卡来进行消费，虽然非常方便，但同时也钝化了人对消费规模的真实感。

可见金融公司称信用卡为“有信用者的特权”还是有一定道理的。他们对没有足够支付能力的大众甜言蜜语，承诺可以用一张信用卡享受购物、外出就餐、文化项目。大众被这句承诺迷住，一到周末就去大型购物中心购物，暑假就在兜里揣一张信用卡出国。然而，当你仅凭一句话就去度完假回来后，等待你的是什么呢?

在韩国，随着政府积极推进的内需恢复政策和房地产泡沫而引起的资产价值上升现象，消费风潮已然成了一种普遍的社会现象。过度消费终会导致消费性负债，消费性负债会蚕食你未来的美好梦想，让你陷入未曾想过的不幸生活中。

德拉赞·普雷勒克（Drazen Prelec）和邓肯·西梅斯特（Duncan Simister）两位教授研究过信用卡对现代人的消费所带来的影响有多大。他们以正在读麻省理工学院的MBA课程的学生为对象，调查了他们的“支付意向”（Willing To Pay），即愿意支付最高多少金额去购买NBA篮球地区决赛入场券。

学生们回答说，如果是现金支付，最多支付28美元。然而，当教授提议说可以用信用卡支付时，学生们表示接受支付每月60美元以上的价格。即使是念美国最好的MBA的精英们都信任信用卡，且愿意支付两倍以上的费用，可想而知，自律性弱的人一旦轻率地开始使用信用卡，那么控制消费更是难上加难了。

人们内心普遍有很强的维持现状的心理。这也是信用卡使用金额没有减少的原因。信用卡对财务规划的负面影响非常大，以至于美国著名的财务规划师斯蒂芬·波伦（Stephen Pollan）强烈建议人们杜绝使用信用卡，而只用现金结算。

“取消所有信用卡，尽可能地将消费变得困难而不便。下定决心，从此量入而出。如果钱包或存折没有现金，就不要购买任何东西。用现金支付，这才是时代的领先方式。”[31]

他的主张的确有道理，但是要想立即去实践还是有很大难度的。我们的自动系统并未受到过训练，因此容易兴奋，也很容易陷入“买买买”的诱惑。因此，需要制定规则，去控制我们身上发挥作用的系统。那么如何才能减少信用卡使用金额呢？

要想减肥，就要缩小饭碗的大小。饭碗大，就会不知不觉地吃很多。其实，仅仅缩小饭碗的量，就能获得充分的减肥效果。同样，把信用卡总数减少到一张吧。建议在你和你的配偶目前持有的信用卡中，选一张最好的，今后只用这张卡。仅使用一张信用卡、一张支票卡（Check card）——仅仅是这一简单方法就足以管理好你的开支。我们可以根据自己的总收入，定下信用卡的最大使用额，进行自我控制。[32]

利用强制性储蓄系统，造就不愁钱的退休生活

大多数人对自己的未来持有乐观态度。坚信“没有为晚年做准备而陷入老年贫困层”这类事情只会发生在别人身上，而自己到了晚年是绝对不会陷入贫困的。这是一种非常不现实的乐观主义。

我们之所以容易陷入乐观主义谬论，是因为人们普遍具有的软弱的心理系统。也就是所谓的“我出轨是浪漫，别人出轨是不道德”的心理。懒惰的人、做事三天打鱼两天晒网的人通常也是个乐观主义者。

韩国的老年贫困率接近48%，是OECD（经济合作与发展组织）国家平均水平12%的4倍。等于老年家庭中，有一半以上每月靠不到100万韩元的收入勉强生活。有的人甚至这都做不到，退休后陷入破产。

而有的人在退休之前准备了一些退休资金，但是退休后从五十七八岁开始就会遇上“五大伏兵”。据某个退休研究所的资料显示，眼下，韩国的老年家庭中有不少人成为退休后的破产者，其原因主要是成年子女、退休创业、金融欺诈、重大疾病、黄昏离婚等五项。

韩国成年人为了支援子女的教育费和结婚资金，心急之下下海涉足“不顾一切式创业”（个体户在3年内停业关门的概率比购买投机级别的公司债券而负债的概率还要高出4倍），一想到晚年就更焦虑，在对金融无知识的状态下，在价格高点进行投资，或遇到金融欺诈而破产。这还不算完，生病了也因没有保险，只得花巨额的医疗费去治疗而导致破产，因夫妻不和而不得不选择黄昏离婚，资产也因此减半而破产。

用强制性储蓄系统，确定未来的幸福

为了不愁钱的晚年生活，必须备好所需账户，将其彻底系统化，做好完全准备。不要光想着“每月领工资每月存钱”，要让它以系统化方式固定下来，管好自己，以免又来个三天打鱼两天晒网。

据美国一项以加入401K退休养老金计划的人为对象的研究表明，其中有68%的人回答自己的储蓄率“非常低”，只有1%的人回答“太高”，剩余的人回答“合适”。然而，即便是回答因储蓄率太低而需要增加的人，也只是嘴上说说而已，实际上几乎没有采取任何增加储蓄的行动。[33]

不论什么国籍，人的心理都是差不多的。如果你问一个想增加储蓄的人并且说“我告诉你一个正确的储蓄方法，你愿意跟着我做吗？”他们一定会异口同声地表示同意。但是他们即便回答了“要跟着做”，也还是会半信半疑，内心怀有“真的能存到钱吗？”这样的疑问。

为了增加你的信心，下面就来介绍一个事例，它会告诉你一个人制定的规则或制度不同会有多大影响力。

一项以欧洲国家为对象调查器官捐献的结果显示，法国、奥地利、匈牙利、波兰、葡萄牙、瑞典国民对器官捐献的意向率明显高于德国、英国、丹麦和荷兰。这两组之间差距约有60%以上。不是10%，而是达到了60%！难道是因为法国人比德国人仁慈吗？当然，每个国家的器官移植所需的医疗设施、经济水准、教育水准、宗教等存在差异，然而即便如此，出现这么大的差距还是会令人匪夷所思的。那么究竟是什么原因导致的呢？

然而，发现的原因却是出乎意料地简单。在器官捐献意向率高的国家，所有公民一出生便成为器官捐献者。这是国家政策。如果一个人不愿意捐献，那么就得向国家提出相关文件。相反，捐献率低的国家（韩国也在其中），一个人只有在愿意做器官捐献时，才需要提出器官捐献意向资料，方可成为器官捐献者。

换言之，器官捐献率高的国家，公民无须采用任何行动会自动成为器官捐献者，器官捐献率低的国家，公民则需要特殊的行动方可成为器官捐献者。选项是相同的，只是相关框架不同。一方是为成为器官捐献者而定的框架，另一方则是为不成为器官捐献者而定的框架。

这个调查结果非常清楚地表明，根据设定的环境不同，人的选择会有明显的不同。换句话说，对于同样金额的钱，实现强制性储蓄系统化的人和没有这种系统的人之间是存在巨大差异的。

引领你到幸福未来的强大力量：默认选项

当一个人准备好一个存折并设定储蓄默认选项（Default option，未指定选项时自动被选上的选项）后，跟着这个框架一直到实现最低水准的经济稳定时，与没有这种系统的情况相比，其储蓄比率会高出很多。我们需要指定默认选项，以便为了自己和家人的幸福未来积累资金。

你可能并不熟悉默认选项这一术语，不过，当我们设置一个默认选项时，除非特意去变更，否则最初的选项将被自动固定并执行。

其实我们在不知不觉间已经生活在一个默认选项的世界

中。比如，老年人的手机铃声大同小异，这是因为他们没有去修改手机公司最初设置的手机通话铃声。相反，年轻人的铃声千差万别，这是因为年轻人根据自己的个性去指定了选项。默认选项可以在确定主要往来银行后，以每月工资账户自动转入投资账户、退休账户、房屋账户、保险费账户的形式应用起来。就像水电费或信用卡还款额自动转账一样，让钱自动转入你所需的账户。而这一切，只需设置默认选项，就能大大提高你的财务安全性。

曾经在韩国也风靡一时的畅销书*Nudge*（《轻推》）的作者理查德·泰勒（Richard Thaler）教授通过这样一个实验证实了这一点。他以1990年加入退休养老金计划的人为对象，进行了一项实验，通过实验发现，仅仅靠设置几个默认选项，就使这些实验对象中一半人的平均储蓄额在短短2年内从收入的3.5%增加了3倍，达到11.5%。

如果不设置默认选项，只跟着世人所示的消费动线走下去，那么就很容易失去理智而花光所有钱。我们需要启动在消费之前先储蓄的强制性系统。

仅仅强制储蓄还不够！
给需求贴上标签

我们按照每月收入的一定比例，为未来所需的关键账户进行系统化储蓄吧。这样坚持一个月，或一年时，或许你这个关键账户上的储蓄额只有几十万韩元、几百万韩元而已，然而，它经过长期复利的养分滋养，一定能成长为一定规模的足以达到你的目的的资金。这笔随着时间而积累的金额，将成为支持你独立人生的强大资产。请你去银行开一个关键账户，记住这个账户意义重大，在你人生中是必不可少的。然后为它设置默认选项，以便从工资账户自动转账。

为准备退休后的生活，给各个关键账户起名吧，例如ISA（Individual Savings Account，个人综合资产管理账户）、退休养老金、养老金储蓄账户、子女大学基金账户、以防万一的应急保障性保险账户、置房账户、为合理消费而准备的预备资产账户等（见表3-6）。自己的需求自己最了解，通过这种方式将之前的零钱收集成有意义的资产，创造不为任何外界所动摇的经济力量。

建立强制性储蓄系统，就能制定出具体规模更大的财务蓝图。很多人把眼睛看得见的资产，如股票、债券、房产等计算到自己的资产上，但是我要建议的是，你从现在起，按照不同目的，以你未来所需的五大关键资产以及积累这五大资产的关键账户为中心去进行管理。

一旦用默认选项画出财务草图，就可以按月管理关键账户。因为强制性地往每个必须账户存钱，能够避免导致财务失衡的“一边倒现象”，能够将“先储蓄后支出生活费”系统化。[34]

假设，一个人每月税后收入为400万韩元，购房后，每月为了还房贷而支出120万韩元。等于这个人将收入的30%花在了房子上，这是过度消费。合理的比例应该是房贷本息偿还额不应该超过收入的20%。如果我们遇到这种情况，就可以判断资产管理已失衡，必须采取措施，比如延长贷款期限、逐渐缩小房屋面积、增加收入等。

当然，我们可以在日后建立新的账户或变更为其他账户。不过，如果我们在退休、子女教育、房屋、保险等需求和目的内进行选择的话，就可以设计出彻底以需求为中心的财务计划。也就是说，可以实现平衡的人生规划。

表3–6　五大关键资产和积累五大资产的账户

关键账户名称	目的	内容	金融产品或资产（账户，证书）名称	计划加入时间
预备资金账户	预备3～6月的生活费	用作应急资金/自信心账户	可存取存钱、CMA（可随时存取款的综合管理账户）	1日以上
保险账户	以防万一（保障性保险）	每月税后收入的5%～8%	医疗实报实销保险 疾病/伤害保险 定期/终身保险	10～30年
退休账户	国民养老金 退休养老金	为了准备退休资产，投资每月税后收入的10%～30%	国民养老金、公务员养老金、私立学校教职工养老金、退休养老金、IRP（个人退休养老金账户）	10年以上

续 表

关键账户名称	目的	内容	金融产品或资产（账户，证书）名称	计划加入时间
退休账户	养老金储蓄 养老金保险 ISA	为了准备退休资产，投资每月税后收入的10%～30%	适用税制的养老金储蓄	开始领养老金为止
			（变额）养老金，变额万能	10年以上
			ISA	5年以上
置房账户	房子或全租金	每月税后收入的20%作为置房用途投资或偿还贷款本息金	住宅订购综合账户	3年以上
			存款储蓄款	1～3年
			各种基金	5年以上
			贷款偿还账户	20年以上
投资账户	子女用	每月税后收入的5%（子女只有1人）作为子女培养资金来投资	免税海外基金，ISA	5年以上
			累积式基金 优良股投资	3～5年以上
			存款	1～3年
	其他目的用	按照不同用途，投入每月税后收入的一定比率	累积式基金	5年以上

续 表

关键账户名称	目的	内容	金融产品或资产（账户，证书）名称	计划加入时间
投资账户	其他目的用	按照不同用途，投入每月税后收入的一定比率	优良股投资	3～5年以上
			存款	1～3年

通过建立必要的存折，以备未来，这就是一生有用不完的钱的理财投资的关键。现在，我们知道了方法，那么就去付诸实践吧。选择就在你面前。

焦　点

我的财富指数是多少呢?

不幸的是，成人中相当多的人比起管理金钱，更擅长管理衣柜。人们对衣柜里有几件衣服、还需要什么样的衣服很关心，但对于财产有多少、未来还需要多少钱等等，却一味地采取逃避的态度。如果你也是一直逃避管理自己的钱，那么从此刻开始，有必要去改变。就像定期做体检一样，在金钱问题上，我们必须掌握目前所拥有的资产状态，并诊断出问题点。

如果你之前从未制定过资产负债表和现金流量表，那么就请你在白纸上先罗列出资产和债务清单，再算一下自己的净资产是多少。然后，至少大概算一下与自己的收入和支出对应的现金流量。

你的财务状况是否良好，完全取决于你的净资产有多少。资产减去负债后的净资产多的人，才能够被称为富人。

现在，一起来评估一下你的财务成绩吧。先请针对以下问题，写下答案吧。

1.“你的净资产”是多少？

2.“你的年龄 × 年总收入（税前）”是多少？

第二个问题中得到的金额除以10得到的金额，才是你现在应该拥有的理想净资产。

假设，我们以四十岁家长A先生为例，他的年薪4 000万韩元，净资产1亿韩元。第二道题得到的数除以10，就得到了1亿6 000万韩元（40岁 ×4 000万韩元 ÷10）。可他的净资产是1亿韩元，并未达到1亿6 000万韩元。

这意味着A先生拥有的净资产与他的年龄相比，属于低的。他应该拥有至少1亿6 000万韩元资产，才算是做好了资产管理，但是和他目前的收入和年龄相比，其实他的净资产不多。A先生若是继续像现在这样做资产管理，那么，他致富的机会就很渺茫了。意味着，比起收入，他的消费水准更高，没有管理好支出，比起年龄，也没有积累多少资产。

越年轻，收入越高，致富的可能性越高。但是如果消费水准比现有的收入高，就很难增加净资产。

经常能看到总资产和收入与年龄相比算是很高的，但其实是徒有其表的人。父母和周围亲戚光看其外表，以为他挣钱很多。实际上他们沉迷于过度消费和享乐，资产减去债务后的实际资产几乎不剩多少，但是却用贷款、分期融资和信用卡装出一副年轻富豪的模样。最终只会走向破产。

现在，确认一下你的财务状况吧。表3–7是按照收入和年龄整理出的各种财务状况。

表3-7　富豪指数计算方法

净资产额×10÷(年龄×总收入)

计算方法	A	B	C	D
① 净资产额	5 000万韩元	3 000万韩元	4亿韩元	4亿韩元
② 年龄	25岁	30岁	35岁	50岁
③ 总收入	2 500万韩元	2 500万韩元	4 000万韩元	5 000万韩元
富豪指数=①×10/(②×③)	0.8	0.4	2.85	1.6

表3-8　富豪指数评价方法

0.5以下	1.0以下	2.0以下	2.0以上
理财方面问题较大。有必要管理消费和债务	管理收入和支出，属于平均水准。养老资金有可能不足	属于较好的。管理支出和收入，属于平均以上	理财方面做得很好。相对年龄而言，资金管理能力和财务状况都属于良好

A和B相对于年龄和收入而言，目前持有的净资产金额较少。可以说，支出多于收入，没有付出足够努力去资产化。如果今后继续目前的消费习惯，日后成为富豪的可能性不大。

尤其是B，指数小于0.5，财务状况很严重。年龄为30岁，每年得到的总收入有2 500万韩元，而净资产却只有3 000万韩元，可以说他是疏于资产管理的典型例子。相反，C相对于自己的年龄和收入，净资产额很高。富豪指数远远超过了1.0，快接近3.0。C支出少，资产管理得也很好。D也超过了1.0，资产管理得也还可以。

那么你呢？你的富豪指数是多少？远远超过了2.0吗？还是连0.5都没有达到，幸福的未来都无法保证吗？富豪指数未达到1的人，在寻找投资方式之前，首先就要养成彻底控制支出的节俭生活习惯。

看到自己的财务成绩表，有何感受？现在你是否能看出自己的财务状况中哪些问题是属于十分严重的？“这点钱都不花还怎么活呢？”“车到山前必有路吧。”“我现在已经算是很节约了吧。”如果有这些想法，且继续放任不管或自负，到财务状况变得非常糟糕时，就会受很大的苦。要知道世上任何一种人生都是自己造成的，而任何结果都是事出有因的。

最近见到四十几岁的人，经常听到他们为了子女在校外的培训费和全租金等问题而感到压力大。每次我都会劝他们“稍微减少一些全租金去做投资，这样眼下虽然苦点但值得”。

“不要把你的4亿韩元资金全部花在全租金上，先把全租金减少到3亿韩元，剩下的1亿韩元投资到全球资产分配基金上，这么做，虽然不能马上挣到大钱让你很有面子，但30年之后，就能够拥有5.74亿韩元的巨额资金（假设年复利为6%时）。”现在持有的车辆是否适合你的资产状况呢？你支出的子女教育费，是不是属于跟风，并不适合自己的财务状况呢？你是不是每月都无法存50万韩元，却还是利用特殊奖金和分期金融购入了中型车辆呢？如果这些问题你都点头了，那么真的有必要制订预算，控制支出。

按照支出预算去生活，你认为这是变成了金钱奴隶的人生吗？制订预算是为了将无意义的突发性的欲望扼制在摇篮中，管理好钱，将钱花在绝对必要的地方。

拥有属于自己的房子，但是不能全下注！

就在10年前，人们都得拥有自己的房子。但是现在，尽管面对全租金飙升和超低利息的现状，还是有越来越多的人在犹豫是否真的要购置自己的房子，甚至还有人在犯愁是不是把眼下持有的房子卖掉。

人都有结束租他人房子过日子，稳定下来的心理；担心正在成长的子女的教育问题，以及未来要涨的全租金……考虑到这些，当然很渴望借助政府促进房地产交易的政策，拿低息贷款购置房子。然而，另一方面，考虑到韩国低出生率导致的严重的人口结构问题，人口低增长状况会像日本一样僵化等因素，不得不认真对待购买房子这一不够明智的意见。

在成为房地产投资的对象之前，房子是一种具有很大使用价值的资产。因此，我认为拥有一套适合自己的收入和财务状况的房子，视其为不可替代的避风港的选择是很好的。通过拥有自己的房子，可以跟着通货膨胀的变化进行分散投资，也无须再为全租金担惊受怕，一家人可以过稳定的日子，到了晚年，还可以利用住房养老金等创造出现金流，可以把它作为退休资产的作用极大化。购置自己的房子之所以能够带来不同于其他投资的安全感，原因就在于此。

但是，购置和拥有一套房子，这需要相当大的机会成本。拥有房子，意味着失去投资到其他地方的机会。尤其是韩国的经济，与过去相比，房价持续上升的可能性已经很低，因此，不得不说机会成本比之前高了很多。

每个人的财务状况、地域差异和家庭的特殊要求等等都存在差异，但是，对于在考虑目前是否应该购买房子、是否该继续持有房子的人，我从财务方面，提议考虑好几个关键点。

要正确理解
“不要在房子上全下注”的含义

首先，我想说的是，不要像10年前那样，在房子上全下注，因为这很危险。

但是我发现经常有人并没有正确理解我这句话的含义。有人以为是不要买房，有人则以为，不考虑未来的负担，一拍脑袋就去贷款，签下购房合同后，才后悔，心想“这才是全下注吧”。我要借此机会讲清楚，什么才是我们需要去避免的“全下注”情况。

“不在房子上全下注”是指，将目前全家日常收入（稳定的月收入，不包括临时奖金）的20%以内分配在房子上。假设，A先生平均月薪是400万韩元，想贷款买房，贷款利率为年3.2%，期限为20年。那么，就要在决定贷款金额时，保证贷款本息金不超过收入的20%，即80万韩元（以等额偿还本息来计算）。

就A先生而言，1.4亿韩元是他可以承受的房屋抵押贷款额度（贷款本息金为79万韩元）。假如A先生为了购买心仪的房子而贷了1.8亿韩元，那么该偿还的本息增加到102万韩元时，就会成为他的负担。因为他要偿还超过收入25%的本息金。这种就属于在“房子上全下注”的情况。

在这种情况下，与其增加贷款金额，还不如增加贷款期限，以保证在收入的20%以内偿还本息金。如果贷款期限为30年，那么即使贷款金额达到了1.8亿韩元，也能够将该偿还的贷款本息金控制在目前收入的20%以内（请注意，我们说的是偿还贷款本息金，而不是只有贷款利息）。

“为什么是收入的20%呢？”也许有人会好奇地问。因为我们需要准备的必要资产很多，比如为晚年准备、为子女的未来准备、为突发紧急情况时的保险费支出准备等等。如果以收入的20%以上作为贷款本息金来负担的话，准备晚年养老金、子女教育资金等计划只会变得遥远，也就犯下了在一套房子上全下注式的错误。

用收入的20%以内
准备偿还贷款本息

如果你没有房子，请为了购置房子而存款和投资。以拥有自己的房子为明确目标规划投资组合，准备自己的资本，并在收入的20%以内获得贷款本息金。

我将这类账户称为“住房资产账户”。当这个账户上准备好了一定的资金，房价也处于平稳下降趋势的节点，就可以慢慢地准备自己的房子。

而且，准备属于自己的房子是件大事，或许是人生中需要花最多一笔钱的重大事件。必须准备一个适合本人的认购存折，制定具体而现实的认购策略。

这个时候，好好利用房屋担保贷款就显得非常重要。按照韩国税法，在获得房屋抵押贷款时，可以争取到的节税优惠可比你想象得要多得多。如果你是一个上班族，并且只想购置一套房子，那么请务必好好利用所得税法的条款。[35]

对于没有房子的上班族而言，即便目前是全租状态，也能够根据税法，在全租贷款上充分享用节税优惠。以符合要求的贷款本息金偿还额的40%作为减免对象从年薪中扣除，其最高可达300万韩元。[36]如果是全租，成为减免对象的本息金偿还额中，不仅包括利息，还包括本金在内，节税力度比我们想象的要大很多。

焦　点

利用房屋抵押贷款，做理财投资时的重点

如果你现在拥有房子，并且还有住房抵押贷款，那么请你确认一下每月贷款本息金偿还额是否在月收入的20%以内。如果其贷款本息金超过了20%，那么请延长贷款期限，要么以最大限度节约的方式偿还本金，减少贷款金额，最终将偿还额控制在月收入的20%以内。如果贷款利率便宜了许多，可以通过“换地方贷款”和“到期延长”等方式，降低贷款利息。

此外，还要经常确认你现在拥有的房屋是否和你的收入水准和退休计划相符。如果觉得房价高于收入水准，考虑退休因素，可以准备慢慢换成适合自己收入水准的房子。

我们身处在一个家庭贷款常态化的时代。在这个债务蔓延的时代，管理好家庭资产负债表上的贷方负债，与管

理好资产项目同样重要。因为很难增加收入，哪怕是靠减少因负债而支出的利息费用，也是有助于增加可支配收入的。

更重要的是，随着低利率的大环境持续的时间较长，利率已然触底，正好可以趁此机会整合和管理贷款。2016年，住房抵押贷款的最低利率已经跌到年利率3%以下，也让我们看清了韩国经济下滑的现状多么严重。这种情况下，拥有房子的个人想理财投资，需要确认哪些重点呢？

用低利率贷款，转移在高利率时代获得的住房抵押贷款

如果一个人在5年前是以年5%的固定利率贷款1亿韩元购置房屋，现在转移（再融资）到年3%利率的贷款（即便这种以债堵债的做法看起来很荒谬），每年也可以节省200万韩元的利息费用，让我们真正受益。

当然，转移贷款时需要考虑提前还款手续费等其他相关费用，仔细确认是否能够获利。即，要考察将之前的贷款转移到新贷款时，即使需要支付提前还款手续费，由贷款利率下调带来的利息费用减少金额是否更高。

目前，大部分商业银行收取最长3年的提前还款手续费，并且采取滑动方式，即，提前还款手续费率会随时间而递减，和过去相比，转移贷款变得相对容易些。

如果有高息贷款，
就用住房抵押贷款整合负债吧

现在的住房抵押贷款的抵押比率为70%，最高可达到房价的60%～70%。如果你有信用卡债务、汽车分期贷款、信用贷款等高息贷款，那么值得考虑用住房抵押贷款合并负债。

假设，你现在拥有3亿韩元的房子，那么可以以低利率的住房抵押贷款将之前的高息贷款转移出来，以低利率的住房抵押贷款将负债整合起来。

考虑偿还能力后决定贷款还款期限

如果还贷有负担，那么最好将贷款还款期限设置得长一些。当然，任何人都想尽快还完贷款。但是，如果贷款期限短，那么每月偿还的金额就会更多，而过多的还款额会导致还款逾期或再借高息贷款等问题。

很多人认为贷款期限太长，被束缚的时间也会变长。其实贷款产品的真相并非如此。如前所述，提前还款手续费期限约为3年，这个期限过后，无论期限设置多久，都能随时偿还本金而免手续费。因此，一开始签订贷款合同时，期限设置得长一些也无妨。

财力不够，就选择固定利息吧

最后，在申请住房抵押贷款时，应该选固定利率还是可变利率呢？2015年初，有不少人认为，利率已经很低了，因此如果年利率为4%，就要以固定利率申请贷款。不料，仿佛有人故意嘲笑这些人，后来银行业的住房抵押贷款可变利率降到了年利率为3%以下。之前以固定利率贷款的人，因利率下降而受到了损失，以可变利率贷款的人因利息成本降低，受益于低利率。

当然，选择固定利率的人，遇到利率下降而受到的损失，只是机会损失，而不是实现损失。相反，选择可变利率贷款的人，遇到利率大幅上升，就要面临重大危机了。

我认为，像现在这种在最低利率更新的情况下，与其预测利率是否继续跌，还不如根据自己的偿还能力去决定贷款方式。如果财务方面余力不足，就以固定利率贷款，以适合自己情况的方式去还款，这也是稳定家庭财务的标准方式。即便利率继续下降，受到了机会损失，几年后由低利率贷款取而代之就可以了。

谁能想到贷款利率跌破年3%的时代来得如此之快？就像最低利率不断被刷新，推翻了人们的预测一样，利率也有可能会突然上升。无畏的风险最好避开。在这个瞬息万变的时代，光是承受已确定的风险就足以让人身心疲惫了。

在韩国现状下，对于四十出头的中年人而言，最好以居住用房子一套（扣除贷款之前的总额）和金融资产的比例为2：1的标准增加金融资产。我认为这个方向才是合适的。如果已拥有一套房子的人，想用富余资金去投资其他房地产时，需要考虑投资以后，是否还能维持价值为现有房价的50%的金融资产。

如果你目前拥有价值3亿韩元的房子，那么，应该在保持1.5亿韩元金融资产的基础上，购买投资用房地产，这样才不会给财务状况造成困难。换句话说，金融资产还不到房价的50%，那么就先保留去投资房地产的计划，因为房子是一种流动性低的资产。

综上所述，房子已不再是投入全部收入去下注的对象。它应该是供你使用和休息的资产，一种长期的抗通货膨胀的保障手段，退休之后被归类为退休资产的辅助手段的资产。在你收入的20%的范围内购置房子的方案，才是在有房价下跌危险的未来10年，你能够采取的优秀策略。

IV

第四部
为钱做准备：

在超低利率时代设计退休资金

花钱、存钱的过程，

是书写一个人人生史的过程。

因此，处理金钱时，

必须投射出“我想要的人生”。

超低利率时代，该如何设计晚年

这个年代，理财投资实属不易。利率低得可怜，预期获利而投资的KOSPI（韩国综合股价指数）和三年前、五年前一样。据说生产人口减少，人口冲击即将到来，不料这些还没到来，却迎来了全租金暴涨的状况。工资分文没涨，可一外出就要花掉几十万韩元。真是令人哭笑不得。工作上，退休的日子越来越近，然而，家庭的各种活动依然多得头大，比如子女的结婚、父母的花甲宴等等。

人们都在担心地说，人类的长寿时代已然来临，很多人说未来没有希望。要知道，生活中我们没办法退休，可在挣钱这方面却不得不退休，现实如此残酷，难怪可以长寿的消息也无法令人开心起来。

我们先来看看利率吧。最近几年，超低利率现象已经很普遍，这是全球趋势。不过韩国的利率下跌幅度非常大。超低利率这个词再贴切不过了，银行的定期存款利率有1.8%都难，税后也就1.5%。[37]

如果钱以这个利率滚动，需要花上48年才能翻一番。而在7年前利率5%的年代、15年前利率8%的年代，翻倍分别需要14年、9年。然而现在，就要花上半辈子以上。简直就像掉进了无底深渊一般。

照此下去，用利率产品实现资产增值将失去原有的意义。因为这与取出自己的钱消费无甚区别。日本的情况更糟糕。日本的定期存款利率为0.1%，钱要翻倍需要700年。[38]如果全世界都变成日本这种状况，未来还很遥远。

有人分析，日后以美国为首利率会有上升的前景，但是在家庭负债问题如此严重的韩国，预计利率已无法像过去那样上升。

规划好晚年资金，这一点比过去任何时候都要重要。现在，看一眼你的退休账户吧。你的未来有希望吗?

经营不愁钱的晚年
退休账户管理的知识

有很多人问我，想做好退休准备，需要多少钱，存款在收入中的占比是多少等等。一般来说，退休后的生活费以退休前平均收入的70%左右去准备就算是合适的。假设退休前月收入为400万韩元，那么退休后需要280万韩元左右的收入。此时的280万韩元，是现在的价值，考虑到一直到你退休，物价还会继续上涨，那么这笔钱有可能会涨到400万韩元、500万韩元。请你记住，我所说的280万韩元只是针对眼下的400万韩元收入而说的。

那么，要想退休后每月现金收入达到当前收入的70%左右，从现在开始，需要存多少钱呢？需要采用什么方法管理退休账户呢？下面就来介绍设立退休账户后，经营该账户时需要应用的五个知识点，以及退休之前必须设立的六种退休账户。

第一个退休准备知识，积极利用默认选项

第三部分中，我建议大家将强制性储蓄系统应用在账户上。账户设置默认选项，从工资自动转账，完成强制性储蓄。通过这种强制性分配方式，将工资分成储蓄和消费。

因此，在设置默认选项时，需要明确反映“我想保护的人生”。**花钱、储蓄的财务活动，是书写一个人人生史的过程，因此，财务计划应该投射“我想度过的、想保护的人生”。唯有如此，才能最大限度地减少只为未来而牺牲现在或陷入当下的快乐中而忘却未来所需的风险**。

那么，强制性储蓄到退休账户的金额在收入中的占比应该是多少呢？每个人的资产、收入、消费倾向、家庭状况等都不同，因此设计起来并不简单。当然，“退休专家”们会以“退休设计”的名义在未来价值和现值之间，根据通货膨胀率、退休前的回报率等因素使用复杂的公式，还经常断言说“现在就要存这么多钱”。但是这些公式非常复杂，一般人很难理解。

更何况，我们都不知道这个世界将有何种变化（专家们假设的通货膨胀率，会适合未来的30～40年吗），连自己目前的薪水都无法保证的情况下，计算我们要存的金额（比

率），过程还包括了很多假设，很容易成为一个笑话。

我自己也从事金融工作，这种计算做得比谁都多，这个金额的计算过程比谁都了解。我曾经多次怀疑这种计算是不是被巧妙的计算理论包装过，是销售退休产品的一种拼凑手段（希望不是）。

所以，我经过模拟过程，开发出了普通人也可以轻松计算的退休储蓄金额的计算公式。这个公式十分简单，不可能完美地反映出你的家庭状况、通货膨胀率、当前收入和消费倾向、富余资产、投资回报率、房价等各种因素的变化。说它"简单"，是因为应用起来非常简便，是基于经验而得出的计算方法。

我认为，比起所谓的专家提供的复杂的公式，启发（heuristics）式直观方法更有助于你设计储蓄计划。个人财务本来就变化多，用复杂的公式去计算，就等于一个记账本就可以解决的家庭财务，却非得用企业的复式记账法记录一样。比计算的准确性更重要的，难道不是实践吗？

| 如何建立退休后不枯竭的现金流 |

现在，我们来正式聊聊如何准备当前收入中的70%的退休现金流。首先，70%中的40%，可以利用国民养老金等公共养老金（第一账户）和家庭资产（第三账户）准备（关于六种账户，会在下一章详细说明）。[39]

换句话说，如上述例子，假设我们需要准备现值280万韩元（未来价值400万韩元）。其中的160万韩元（400万韩元的40%）可以利用国民养老金和家庭资产（利用住房养老金或住房全租金处理费用）准备。我把它称为“逐步解决法”。

剩下的30%（400万韩元的30%为120万韩元），该用哪个账户来准备呢？这时候该使用的便是退休养老金（第二账户）、养老金储蓄（第四账户）、养老金保险（第五账户）、ISA账户（第六账户）了。我们利用这些账户准备30%。

当然，如果你不是工薪族，就很难使用退休养老金。这种情况，可以用剩下的三个账户解决，不用为此感到失望。每个账户的策略，我会在下一章进行详细说明。那么，为了准备剩下的30%，需要储蓄当前收入的多少百分比才合适呢？简单公式如表4-1所示。

表4-1　不同年龄的退休账户储蓄金额

	25岁	30岁	35岁	40岁	45岁
个体户或退休金花在其他用途时=（本人年龄−15）/100	10%	15%	20%	25%	30%
利用退休养老金时=（本人年龄−20）/100	5%	10%	15%	20%	25%

为了不愁钱的晚年生活，我们只需将“本人年龄减去15而得的数字所对应的比率”存入退休账户。假设你40

岁，“40减去15的比率”[40]，即需要从现在起存当前收入的25%，一直到65岁。

无论收入增加还是减少，如果开始储蓄的年龄为40岁，之后不停止为退休准备，那就可以以25%为固定选项自动转账，进行储蓄即可。这样就能为65岁退休到预期寿命期间，准备30%财政资源。

如果是个体户或退休金用到别处而无法作为退休资产来利用的职工，那么利用年龄减去15的简单公式，可以轻松了解到从现在起开始准备一直到晚年时，应该每月从工资中拿出多少来做退休储蓄。

如果你可以使用退休养老金，那么只需从这个公式中减去20即可，注意不是15。在准备退休养老金期间，可以将退休金基金作为退休账户来利用，因此，相应地减少了该存钱到其他账户上的负担（假设退休准备期间的三分之二时间处于工作状态时）。假设40岁时，需要将40减去20的比率，即为20%（月薪为400万韩元的话，便是80万韩元）作为固定选项存到退休账户。

我们已经学到了可以用在退休金准备上的简单公式。现在我们要做的是给六个退休账户（国民养老金、退休养老金、住房养老金、养老金储蓄、养老金保险、ISA账户）贴上标签，启动强制性储蓄系统。

在你的工资账户上设置给每个账户自动转账，开始强制性储蓄吧。这就是第一个秘诀：默认选项（有关默认选项，我在前面进行了详细说明，请做参考）。

第二个退休准备知识，利用时间的魔力

大多数人直到退休临近，才开始考虑准备晚年储蓄。从二十多岁开始准备晚年储蓄，就可以轻轻松松地开始，然而到了四十多岁开始准备，就会成为一个很重的负担。因此，准备晚年的储蓄必须尽早开始，除此之外没有更好的退休对策了。

婴儿潮一代人中A和B的事例就很好地说明了四十几岁人的现状。A和B两个人都出生在婴儿潮时代，三十岁时，两个人一起听过理财重要性的相关课程。听完后，A决定马上开始理财，而B以眼前堆积如山的工作为借口，推迟执行财务计划。A立即开设了ISA账户和退休养老金IRP账户（Individual Retirement Pension，个人养老金账户），并开始做准备。40岁之前的10年期间，A每月储蓄100万韩元，之后为了将投资本金1.2亿韩元作为退休资金使用，一直坚持储蓄到65岁，整整坚持了25年。

相反，B直到45岁，用各种消费和错误的投资理财虚度了15年。到了45岁，才决心开始理财。B为了弥补自己虚度的15年光阴，在45岁到65岁的20年期间，每月100万韩元总共缴纳了2.4亿韩元。心中还有这种想法："虽然我现

在才开始理财，不过，我投资了A的两倍，退休资金肯定比他多。”就这样，35年后，A和B到了65岁。尽管B开始理财时间晚于A，但是投资了相当于A两倍的钱，自然期待更多的退休资金。结果如何呢？A投资的本金是B的一半，可A的退休资金竟然比B多出了1.2亿韩元！（见表4-2）

表4-2　退休准备起点差异带来的不同结果

	开始管理资金的时间点	总本金	65岁退休时的预估退休金
A	从30多岁开始理财。10年期间，每月缴纳100万韩元后，存25年未取出	1.2亿韩元	5.3亿韩元
B	年轻时虚度光阴，从45岁开始，20年期间，每月投资100万韩元	2.4亿韩元	4.1亿韩元

对于这个结果，B十分愕然，便跑到银行去问个究竟。银行说，35年期间，回报率是年复利5%，A理财比B早15年，因此，虽然本金只有B的一半，但可以攒到更多的退休资金。

记住，时间站在你这边。准备晚年储蓄，一定要尽早。理财开始得越早，存折里的钱就会越多。最大限度地利用时间，即使以少的资金也能够设计出美好未来。

第三个退休准备知识，利用复利的力量

即使你采用的是以一定比例将收入的一部分储蓄的方法，退休账户上的金额也会因你应用第三个秘诀得当而改变。

假设，你除了买房以外从未做过退休准备，每月有333万韩元（年薪4 000万韩元）的工资收入，年龄35岁，那么退休储蓄比率应该是15%（年龄−20）。也就是说，直到65岁，有必要将每月收入的15%存起来。

如果能维持目前的收入，每月存50万韩元（333万韩元的15%）以备退休，以年利率2%存30年，那么本金总额1.8亿韩元在30年后就会变成2.45亿韩元。30年期间，也就多了6 500万韩元。

但是，我们如果能够得到年利率5%左右的预期回报率，那么收入就能增加到4.15亿韩元（净收入2.35亿韩元），达到最初本金1.8亿韩元的2倍以上。与年利率2%左右的存款速度相比，多赚了1.7亿韩元。

通过将经营回报率从2%提高到5%，从65岁到85岁的20年期间，可以多拿到在职期间月薪的21%，即70万韩元（1.7亿韩元除以240个月得到的数）的退休工资。原先规划退休后的现金流会达到目前收入的70%，这样一来，

退休后的现金流可以增加21%，也能因此而过上更舒适的晚年。（见表4–3）

表4–3　以年利率为5%和年利率为2%，
分别经营1.8亿韩元时的金额差异

每月50万韩元存30年时，本金1.8亿韩元	
以年5%经营时	4.15亿韩元
以年2%经营时	2.45亿韩元
差额	1.7亿韩元
从65岁到85岁的20年期间（240个月），多了70万韩元的月工资	

为退休做准备，需要一个漫长的时间。退休后的时间也很长。在这个漫长的岁月中，你不利用复利，等于存上的是贫穷，不是吗？现在就开始制订退休方案，并关注经营回报率吧，否则到了退休之后看到账户余额再后悔为时已晚。

利用复利的力量吧。起初，或许会因为退休账户的成长速度慢而感到沮丧，但是从某一时刻起，这个数字会迅速上升。过了一定时间，上升的速度会加速。每月存下的钱会像具有大潜力的种子，成长为一棵强大的摇钱树。

每月种下的钱种子会发芽，即使在你睡觉、工作、吃饭、学习、休息时，它也会成长为摇钱树，结出复利收益的果子。现在也不晚，赶快开始利用复利，相信你的晚年就会更加幸福。

退休后，月工资能增加20%以上，就能享受更加悠闲的晚年生活。复利的魔力如此之大，我们怎么能不为它所动呢？如果之前你都没有利用过复利，那么请你通过这本书好好学习如何提高经营回报率吧。

有人认为复利的魔力只存在于金融产品，这是一种误解。你的复利投资行为，换句话说，将由本金产生的利润与本金一起反复储蓄或反复投资的行为中，就已经有复利在起作用。所谓复利的魔力，指的就是提高投资回报率。它可以适用于非特定金融产品中，比如存款、股票、基金、保险等所有金融产品。

第四个退休准备知识，在经济低增长时代，获得稳定的经营回报率才是目标

看看美国、日本等发达地区的先例，就能知道盼着固定利率默默存钱的时代已逝去不再复返。这是一个哪怕承担一些投资风险也要通过投资增加回报的时代。

然而，投资世界很粗暴，对没有原则的人更是残酷。我曾见过很多没有原则地进行投资的事例，这些人的钱随着时间流逝流入了有明确原则的人的口袋。

“跟着钱走，钱只会逃跑。”相信你听过这句话。钱这东西很神奇，当你抱着执念一心想挣钱时，它就像长了四条腿

的动物瞬间跑远。人跑得再快，毕竟只有两条腿，要想追上用四条腿逃走的钱，应该很难吧？

任何人都渴望得到高收益率，然而，只知道跟着钱走的无原则高收益投资，很容易使你掉入陷阱，这时需要我们控制好情绪，彻底按照系统进行理财。

我们的目标是以年利率5%的收益来经营退休账户。都不是10%～20%的高收益，仅仅以年利率5%来经营，与不承担任何风险的年利率2%收益相比，就能够让自己过上惬意的晚年。关于这一点，我会通过六个账户详细解释。

第五个退休准备知识，
100岁的人生时代，请改变退休的传统观念

韩国户主的中位年龄（Median Age，整体人口以年龄大小排列后分成相等两部分的年龄）从10年前的44岁快速上升到了现在的48岁，老年人口数也随之呈现暴涨趋势。就在10年前，晚年问题只属于老年人，而年轻人并不会去关注。然而现在又如何呢？预期寿命越来越长，而实际工作时间却变得太短。过去人们拿来开玩笑的“四五正、五六盗”（指的是45岁正式退休，干到56岁等于小偷，韩语中“四五正”语音上和“沙和尚”一样），如今却变成了现实。因此，晚年问题已成为几代人的共同问题。

据最近的KDI（韩国开发研究院）报告，韩国的个人消

费倾向在几代人身上都有下降趋势。仿佛大家都离退休日子不远了，不敢打开钱包，害怕晚年该如何谋生，担心未来。理财师也在异口同声地强调为度过舒适的余生而应该准备的金额，这也点燃了大众对晚年的恐惧之心。按照他们的主张，假设35岁的上班族姜先生，在通货膨胀年利率3%的年代，65岁退休，30年后，要想以现在的物价，以每月200万韩元标准一直消费到90岁，那么就得每月投资150万韩元，并坚持30年。

当然，为未来准备，规划财务，这都是明智之举。但是为了实现毫无可能性的回报金额，逆向计算两位数的回报率，这种做法极为容易掉进投资失败的深渊。退休后没准会变穷的“退休焦虑症”容易让人变得无力，因此，做计划时需要警惕这一点。

65岁以后只能靠之前挣的钱过日子，而65岁就是经济寿命的截止日——这种强迫性观念反而会阻碍你过上幸福人生。

“退休”这一词是1889年，德国首相俾斯麦在建立养老金制度时提出的定义，他将65岁以上人群定义为退休人员。当时，人们由于频频爆发的战争和各种疾病而死亡，平均寿命短（当时德国的平均寿命仅仅只有50岁），在人们普遍认为人从生到死一辈子都要工作，而退休这一概念等于是为活下来的少数人而采取的优惠政策。

那现在呢？平均寿命比20年前增加了约10岁，比40年前增加了约20岁。随着医疗技术突飞猛进，每过一年，人均寿命就会延长6个月。现在这个时代，除了癌症、脑血管疾病、心脏病等重大疾病或交通事故等伤害性事故引起的死亡以外，人们在65岁之前自然死亡的可能性正在逐渐降低。

然而，韩国社会已然被旧时代的退休观念束缚着。年轻人对退休抱有莫名的恐惧，而中年人对退休抱有焦虑不安，这种现象在社会的各个角落随处可见。

把旧时代的退休概念直接拿过来，用在新时代，这就等于挂羊头卖狗肉，徒有虚表。如果以60岁出头、65岁左右为退休时期，不仅国家财力不足，对于个人而言，需要在退休之前牺牲美好的年轻时代去准备退休资金，会成为过重的负担。

在前面的案例中，姜先生要不是打算六十几岁退休后只靠之前挣的钱活下去（仿佛已经被宣告死亡日一般），其实可以从退休资金带来的焦虑症中解放出来，以更放松的心态去准备退休后的生活。

假设，姜先生通过第二职业，直到70出头继续挣生活费，并基于这种模式去制定人生规划维持经济独立的话，那么，显然无须从35岁起投资每月150万韩元的巨款或去承担高收益带来的投资风险，即他要承担的风险明显变少（姜先生可以适当应用年轻时购置的房子或全租金，直到70出头挣生活费，那么，每月的必需储蓄额可以减少到三分之一以下）。

把五六十多岁的人视为落伍的废物——这种观念使社会变得无力且无作为，也会使这一代老人感到沮丧和难过。我曾经在报纸上读过一篇报道，上面登了一位五十几岁男性自杀前的遗言，说自己没能在退休后对妻子和子女负责到底，心中非常过意不去。他生前因工作贬职而被调动受到的压力、子女的学费负担、未来晚年生活的恐惧等，最终使他做出了极端选择。退休就等于隐退，而隐退后，自然就会失去工作——我们能说，这位男子没有受到这种错误的退休观念的影响吗？在100岁的人生时代，只过了一半人生的人，失去了勇气，放弃了更值得活下去的下半辈子。我们要守护和坚持的人生究竟是什么样的？无论如何，都不可能是金钱。

120年前定义退休的当年，退休年龄65岁，等于现在的85岁。120年前退休的概念刚出现时，人们普遍认为的退休年龄还不及现在年龄的80%。现在的50岁，按照当年的标准，还不到40岁，完全是如日中天的工作年龄。

不想被错误的观念误导，变得无力，我建议干脆从脑海中删掉退休这个词。这应该是明智之举。如果删不掉，那也可以用现在的年龄乘以80%，得到的数字便是经济年龄。因错误的退休观念而造成的“虚像”，绝对不是我们要去关注的“真像”。

在这个百岁人生时代，希望我们能够以更长远的眼光准备愉快的退休生活。即使从事的不是之前的工作，没有晋升，收入也比全盛期的收入少了很多，但至少能做点什么，这一点是最好的退休账户，并且会让我们的人生大放光彩，变得有价值！时间绝对不会停止。不到最后结束，还不算结束。我最近见到了一位读者，年龄80出头，他说有一个遗憾："没想到我会活这么久，早知道就应该在60岁时做点新的尝试……"

不要被赶速度的口号和观念追赶，慢慢来，一步一个脚印踏踏实实地准备未来就好。

第一个退休账户

不要小瞧国民养老金

下面我们就来看看生活在超低利率时代的我们，该准备哪六种退休账户吧（见表4–4）。

表4–4　超低利率时代，必须要准备的六种退休账户

第一种退休账户	国民养老金（包括公务员养老金等其他公共养老金）
第二种退休账户	退休养老金（包括IRP账户）
第三种退休账户	住房养老金
第四种退休账户	养老金储蓄
第五种退休账户	养老金保险
第六种退休账户	ISA（基金、存款、债券、保险）

首先是第一个退休账户：国民养老金。

名称中含有“养老金”一词的产品，是指“以养老金方式支付的一种类型，支付的是截止到发放养老金所攒下的本息金”，即养老金分期支付之前攒下的本息金。这种产品有国民养老金、退休养老金、符合税制的养老金储蓄、养老金保险。

现在，我们从基础中的基础——第一账户公共养老金账户开始讲起吧。

一定要加入国民养老金吗？
没有比其更好的养老金了！

“国民养老金必须要加入吗？”

这是读者问我最多的问题之一。对超过40岁的读者，我的答案非常明确。

“必需的！”

如果是个人养老金、养老金保险产品，一旦保险公司、银行等产品主体倒闭，那之前支付的钱就会打水漂。但是国民养老金、公务员养老金、军人养老金等由国家来经营和负责。国家总不可能比保险公司、银行先倒闭。

还有的人担心国民养老金保障金额会不会因法律修改等因素而减少。请记住一点。我们现在缴纳的养老金保险费的保障金额是受现行法律保护的，因此，即使法律被修改，过去缴纳的金额不会受到影响。而且，即使出现因养老金见底而无法支付的状况，也是在遥远的将来。在无力支付国民养老金之前，国家会提前几十年就出面，提高养老金保险费，以防万一。因此，我认为“需要加入国民养老金等公共养老金吗”的问题，很幼稚。**尤其是，收入越少，通过国民养老金领取的优惠越高。这意味着，保险费交的越少，日后领取养老金时就可以期待的回报率就越高**。国民养老金是一种社会保障保险，低收入者可以交得少，但有机会享受更多优惠。相反，高收入者的回报率就被设计为低于低收入者。

另外，国民养老金等公共养老金的最大优点在于，以反映通货膨胀率的名义支付养老金，保持养老金的实际价值。而金融机关所提供的其他金融产品中找不到这类养老金。

如果还怀疑，
就和一般的金融产品仔细比较吧

假设，1975年生、个体户、月收入200万韩元的朴先生，30岁首次加入国民养老金，直到2035年60岁那一年，以每月18万韩元连续缴纳了30年国民养老金。那么从他可以开始领取养老金的65岁起，生前每月可以领取多少呢?

据国民养老金管理公团称，国家承诺以现行物价，保证支付62万韩元。假设每年的通货膨胀率为2%，那么到朴先生65岁时，62万韩元等于约124万韩元。每月18万韩元坚持交付30年时，35年后，就能每月领取124万韩元。

如果35年期间，年度通货膨胀率为3%，那么朴先生从65岁起，每月由国家支付174万韩元。35年后，考虑到3%的通货膨胀率，那么174万韩元就等于当下的62万韩元。数字在现在和未来之间来回移动，我想有的人可能感觉不到实际规模，下面我就来举其他例子说明吧。

假设，你购买了某一种金融产品，支付18万韩元且连续缴纳30年，从61岁到65岁期间不再缴纳，之前的费用就存在于该金融产品中，从65岁起到90岁，就能以65岁时的经济发展现状领取124万韩元。

如果想从65岁到90岁期间一直领取124万韩元，那么65岁时，你的退休账户上就得存有约6.5亿韩元的金额（假设退休后的年通货膨胀率为2%，退休后的年投资回报率为3%时）。这可是一个巨大的金额。

怎么样，现在你还觉得存到国民养老金的18万韩元很浪费吗？那么你想想，为了到65岁准备6.5亿韩元，每月18万韩元持续投资35年时，所需要的复利回报率应该是多少百分比呢？

请不要吃惊。我们需要持续年10%的复利回报率。而如今这个年头，我可以断言，通过非投资的储蓄方式，以年10%持续支付30年以上的复利产品是绝对不会存在的。

当然，有历史资料表明，如果持续长期投资时，可以以股票型基金等方式获得年10%的回报率，但是，在股票上的年平均10%，只能是无法保证的参差不齐的预期回报率。

经过分析我们能够知道，假设朴先生能自己组合投资方案，混合股票和债券，获得年7%左右的回报率，也需要投资国民养老金保险费18万韩元的2倍数36万韩元，方可在65岁那年准备好6.5亿韩元。

也就是说，比起一般的金融产品，可以以相对低的金额准备退休资产。国民养老金的回报率，可以说是最佳退休产品，因为政府会对投资的不确定性所带来的波动负责。

对个体户朴先生而言，国民养老金自然是很好的退休产品，而对于由雇主一方负担国民养老金保险费一半的上班族而言，它的好处就更加不言而喻了。因为如果朴先生是上班族，那么只需负担18万韩元的一半9万韩元，剩余9万韩元就可以由公司来负担。国民养老金回报率就能一下上升至年利率12%以上。

当然国民养老金也有自身的大缺点。认购者一旦死亡，养老金就会停止支付。认购者过早死亡，那么存在连本金都无法收回的风险［当然，认购者死亡时，会给家人支付遗属养老金（基本养老金的40%～60%的水准），然而不能否认养老金金额大幅度减少的事实］。

但是，我们如果抱着不为早逝准备而是为长期养老的风险而准备退休账户的心态，那么，就不会很纠结于这个弱点。考虑到通货膨胀率，那么国民养老金至少实现了在现行利率以上。你要是对国民养老金还抱有一种不满情绪，那我劝你一定要好好活下去。国民养老金是属于一种社会保障性保险，因为这种性质，它在设计时只能多为低收入阶级考虑。即便如此，国民养老金的最高收入者在目前的结构下，和其他金融产品相比，绝对不会吃亏。

如果你已经加入了国民养老金或公共养老金，请你好好想一想如何去应用这笔养老金。在中途辞职之前，先了解如何领取养老金，再制定对策后采取行动。[41]如果你不属于公共养老金的强制性加入对象，那可以考虑一下是否加入。因为要想找到国民养老金这样的金融产品是很不容易的。要知道私人金融产品必然会包含费用或者手续费，也有通货膨胀的风险，而国民养老金却可以规避这几个因素。

焦　点

国民养老金，如何充分利用

如果你已经缴纳了公共养老金，就必须得领取。也就是说，你得先满足养老金领取条件。[42]养老金领取条件的关键在于加入的时长。要想以养老金形式领取国民养老金，就得加入至少10年。

此外，要想全额领取养老金，就得缴纳至少20年以上。想领取更多的养老金，关键在于增加缴纳时间。为了这一点，最好积极应用补缴、预缴、返还、自愿延期加入制度、自愿加入制度等五种。

第一种方法，利用补缴制度

这是因失业或服兵役等原因，申请不缴纳的认购者，在日后通过收入申报或自愿参保等形式，补缴养老金保险费，恢复国民养老金加入期限的制度。它可以补缴之前未缴纳期间的费用，增加养老金金额。

第二种方法，利用预缴制度

可以利用预缴制度，在养老金保险费缴纳前的一个月，预缴养老金保险费。超过50岁的人，还可以享受到制度上的便利，最长可以预缴5年份。如果一个人55岁退休，而无法缴纳本应该交到60岁为止的国民养老金时，会从退休养老金中减去这五年的金额。这种情况下，就可以提前缴纳未来的保险费，还可以享受打折缴纳，预缴的五年也会被纳入正常的缴纳期间。

第三种方法，利用返还制度

把过去领取的一次性金额，连同相关利息，一起缴纳，即可恢复已失效的加入期间，从而增加养老金金额。

第四种方法，利用自愿延期加入制度

原则上，国民养老金的保险费需要缴纳到满60岁为止，加入者年龄超过60岁，就会失去加入资格。这种情况下，可以利用的是自愿延期加入制度，这样可以将加入期间延长到65岁为止。

假设现在满53岁的人加入国民养老金，到60岁截止缴纳日期，只剩下7年的加入期间。这种情况下，也是有办法解决的。现在加入，并申请自愿延期加入制度的话，就可以满足至少10年的养老金领取条件。[43]

第五种方法，利用自愿加入制度

如果你是一位无收入的主妇，建议利用自愿加入制度。自愿加入方式是以最低金额89 100韩元连续缴纳30年，那么，到时候就可以在生前领取每月456 760韩元的国民养老金。

如果你先生有收入，正在缴纳158 400韩元的国民养老金，那么就可以领到578 800韩元，等于你们两个人交了247 500韩元，领到1 005 560韩元，领取的金额是缴纳金额的4.14倍。

这比家中只有一个人在工作挣钱的情况更加有利于我们老百姓，因为后者是缴纳252 000韩元，领取743 640韩元（领取的金额是缴纳的2.95倍）。前面我也说过，国民养老金的结构就是被设计成缴纳更少保费的人收益率更高。两个人分摊，用更少的缴纳金领取更多养老金的秘密就在于此。

现在，马上打开国民养老金网站，确认一下你之前一共缴纳了多少养老金，再了解一下10～30年后你能够领取多少钱吧。然后再给国民养老金公团客服中心打电话，具体请教一下怎么应用国民养老金。相信他们会以超出你想象的亲切态度教你怎么操作。

第二个退休账户
我们迎来了退休养老金时代

理财投资方面获得成功的人中有相当一部分人，是因为准确地捕捉到了不断变化的社会趋势。当然，抓住一个好的时机，买卖股票或房地产是很重要的，但是，顺应时代潮流，才能够为长期的成功打下坚实基础。而这基础，便是退休养老金账户。

如果你是一位上班族，强烈建议你好好利用退休养老金。对于上班族而言，退休养老金不是每个月进银行账户的钱，我们很容易忽视它的存在，但是在这个没有足够的钱存款的低利率时代，要记住上班族的秘密底牌就是退休养老金。

在韩国，政府引进退休养老金制度的初期，也有很多人质疑为养老准备的有效性和实效性。但是经过10年的现在，我认为现在的退休养老金制度像美国一样变得越来越完善了（尤其是最近3年，变化速度很快）。这象征着退休养老金的时代已经到来。

用退休养老金安享晚年，这是发达国家普遍的退休准备方式

在养老金发达的国家，用退休养老金安享晚年的情况十分普遍。因为各种利益可以受到法律保障。根据法律规定，为晚年做准备的人与没有做准备的人相比，可以更加轻松地享受晚年时光。这个法律规定对劳动收入（与退休收入相比）、财务收入（递延税、免税效果）、收入扣除、税率效果产生的影响力和好处，要比你想象的要大得多。

在美国，自1980年后，上班族通过《雇员退休收入保障法》第401条K项所规定的401K制度，享受着节税和递延税等优惠。在此基础上为自己的晚年生活做准备，充分体验了该制度的优越性。

韩国的退休养老金如今也和这个类似。从2015年2月之后，当公司将绩效奖金的全部或部分以设定受益金的形式支付到设定受益账户，而不是直接支付到员工的工资账户时，就能用作退休收入而不是劳动收入，从而使员工享受巨大的好处。[44]对于劳动所得税和社会保费的负担沉重的上班族而言，不得不说这种制度是一项合法的节税福利。

而且，通过利用退休养老金而获得的财务收入一直到退休之前，都适用递延税制度，即使在退休之后，所适用的税金也相对低于劳动收入。因此，可以建立一笔稳定的退休基金。

我曾经问过澳大利亚的上班族是否担心晚年。他们的回答是“无论生活有多拮据，每月还房贷的负担有多重，有一点可以不用发愁，那就是晚年的生活”。这是因为他们有被称为“Superannuation”[45]的退休养老金。

韩国的退休养老金几乎类似于澳大利亚的Superannuation。雇主将员工工资1/12（8.3%）的退休金转化成了养老金形式，这就是我们所说的退休养老金。如果你现在在公司工作，那么等于每月都在强制性地存入收入的8.3%。

在这个都没有能力存款的时代，像基于退休养老金制度而产生的强制性8.3%月存款、绩效奖金缴纳额的价值就很大，只要好好利用，就能为自己的晚年增添很多机会。

上班族在20年后迎来的晚年生活是否会幸福，决定这一点的关键就是退休养老金，这一点毋庸置疑。如果我们把每月收入的8.3%设置成默认选项坚持存款，那么，光是本金这一部分就能够成为相当大的退休财源。

不仅如此，每次有大笔资金进账时，追加缴纳，享受所得税递延制度，并做长期投资的话（澳大利亚的Superannuation出台之后的年平均收益率超过10%，效果非常好），就能够准备不亚于他人的晚年生活。

界定利益制（DB）和界定供款制（DC），你还在两者之间犹豫不决吗？

退休养老金像现有的退休金制度一样，它分为企业成为运营主体、经营退休养老金公积金的DB型（界定利益制，Defined Benefit Plan）和员工领取退休金后直接经营退休金的DC型（界定供款制，Defined Contribution Plan；IRP个人养老金账户也包括在内）。DB型和DC型的选择标准，会根据工资增长率、员工的经营能力、公司情况、工作年限等而不同。

如果年薪增长率能够保持稳定并高于通货膨胀率，那么DB型的优势会更多一些。DB型，公司是退休养老金的经营主体，公司保障员工日后领取的退休养老金，退休养老金是基于员工在最终退休时所领取的工资来确定的。因此，如果员工在一家公司长期工作，年薪也会一直增长时，DB型会有更多优势。

相反，如果员工有信心选好的投资方式，达到高于工资增长率的投资收益率，那么DC型会有更多优势。DC型，员工在金融机构建立并申报退休账户后，公司向该账户汇入退休金，员工可以按照自己所选的经营方式经营退休养老金账户里面的退休金。即，经营主体是员工本人。员工按照自己的判断，选择基金等产品，经营管理退休养老金账户。

参考发达国家的先例，我想韩国的退休养老金制度发展成DC型的可能性很高。届时，养老金系统员工本人成为经营主体，管理自己的金融资产，并与第四账户——养老金储蓄账户连接管理的可能性很高。

因每个人的就业环境不同，我们不能一概而论，但通常，随着工作时间的推移，员工的薪水会反映长期上升的物价。如果工资持续增加，即使是价值为月工资的8.3%（每工作1年时，为年薪的1/12）的DB型退休养老金也会随着物价上升而增加。如果是DC型退休养老金，也会随着通货膨胀而增加，并通过投资收益率而保持其货币价值。

据保险研究院的研究资料显示，假设投资收益率为年3.54%时，退休养老金的收入替代率为：加入25年为15.1%，加入35年则为22%。如果缴纳退休养老金的时间足够长，那么可以准备的退休养老金金额就能够超过退休之前收入的20%。

大多数发达国家用退休养老金来弥补公共养老金的所得替代率方面的不足。虽然现在还未成一定规模，但通过退休养老金准备隐退后的资金，这种方式迟早会成为一种大趋势。

焦　点

充分利用退休养老金的方法

韩国的老年贫困率在OECD国家中是最高的。10个老人中有4个以上的老人生活在贫困线上，这就是韩国的现状。政府也意识到了这个问题，而退休养老金制度正是他们作为解决方式来采取的对策。如果你是上班族，建议你务必利用五个要点，为晚年做好实质性的准备。

未来20年，政府合法保护的理财大趋势之一，就是你的退休养老金账户。希望大家都能及时地抓住这个大趋势完成安全的航海。

与其找涨幅最大的股票，还不如实践以下五点，成功的概率更高且更轻松实现。

第一，根据退休养老金方式，制定正确的策略

首先，要掌握在公司工作期间，以退休养老金名义累积起来的金额或累积到你个人的退休养老金账户上的退休养老金的金额是多少，根据不同方式建立相应的策略。要知道每年年薪的1/12会强制性存入退休养老金账户中，这可不是小数目，因此，需要一种对应策略。

如果你从事的是获得成果绩效奖金等的工作，那么，建议你通过DB型退休养老金账户好好利用节税优惠政策来经营这笔绩效奖金。[46]

假设，基本年薪是8 000万韩元，成果绩效奖金是3 000万韩元。2015年前，1.1亿韩元都被作为劳动所得来缴税，同时也要缴纳国民养老金和健康保费。但是如果按照你们公司规定，100%的成果奖金转入退休养老金账户时，只有其中的8 000万韩元需要缴纳劳动所得税和社会保障保费。也就是说，这是一个合法的节税做法。

第二，充分利用工作时间

如果你经营的是DC型退休养老金，建议你一定要选好提供退休养老金的金融公司。到目前为止，韩国的上班族平

均工作年限约为6年，因此并没有太在意退休金。

结果，目前在已达到90兆韩元的退休养老金市场中，大企业的雇主将退休养老资金转给了旗下金融公司，而负责经营资金的金融公司则以互相行方便共同谋利为原则设计产品，因此在退休养老金经营管理方面并没有获得令人满意的成果。目前，退休养老金管理额的90%以上是保本保息产品，等于这些产品变成了年利率不到2%的长期存款。

假设每月30万韩元连续存30年时，与以年利率为2%储蓄时相比，以年利率为5%来经营时，可以多获得1亿韩元的退休资金。经营回报率只差百分之几，然而，30年后，其结果差异却是十分庞大的。尤其是在超低利率时代，1%的差距其实非常巨大。

我们的工作时间并不算短，一定要充分利用起来。像澳大利亚的Superannuation一样，通过积极的资产分配，利用时间的力量，妥善管理退休养老金，这么做可以在准备晚年生活时省去很多麻烦和辛苦。

第三，仔细了解节税优惠

退休养老金如果是作为未来养老金领取时，那么所产生的财务收入无须缴纳金融所得税，而是在领取养老金时需要缴纳养老金所得税。退休后，其他收入（劳动收入、营业收入等）必然会减少，比起年轻时，缴纳的税率也较低，因此享受节税优惠是可行的。

尤其是即使利用养老金账户投资海外股票基金或债券基金时，也有免缴金融所得税、递延税款，本金和收益全部作为复利来投资等优点，这些都是不容忽视的强大优势。

而我呢，是把退休养老金百分百作为海外基金（海外股票型基金、债券基金、资产分配基金）来经营的。像不征收金融所得税的韩国股票基金，我会购买和经营其中的普通基金产品，而不是退休养老金产品。

换言之，征收金融所得税的海外基金账户，可以利用可递延缴税的退休养老金和养老金储蓄基金（会在后面章节中说明）来运作，以取得节税效果，并提高投资收益率。

第四，年终记得利用抵扣税制

为确保退休后的收入，成为可抵扣对象的退休养老金缴税限额为700万韩元。直到2014年，个人养老金储蓄和退休养老金个人缴款加在一起，总共仅适用400万韩元，不过从2015年起，如果个人加入并缴纳退休养老金时，还可以多享受300万韩元的抵扣优惠。

考虑到节税优惠出现逐步减少的趋势，每次有大笔收入时，就可以像澳大利亚的Superannuation一样，通过额外支付300万韩元来获得退税。比如，我们往退休养老金中添加300万韩元，与养老金储蓄合在一起，一共存了700万韩元，那么每年年末结算时，就可以领到924 000韩元（700万韩元×13.2%）的退款（年薪超过5 500万韩元的人是13.2%，年薪低于5 500万韩元时，退款达到16.5%，福利更高）。

一旦错过了每年的扣税期，就不能退税了。每年都记得在限期内办理退税，这是有把握地提高回报率的捷径（想额外缴纳退休养老金的上班族，需要先确认自己加入的退休养老金是DB型还是DC型。DB型退休养老金参保人，必须新建个人养老金账户才能追加缴费。DC型的，因为已经设有个人养老金账户，因此，以账户转账方式将追加缴纳的金额汇入自己的个人养老金账户即可）。

第五，利用养老金账户，
领取退休金，享受节税优惠

政府在继续提高退休金的税收。过去只需缴纳退休金总额的3%～10%，而现在需要缴纳2～3倍的税金，换句话说，退休所得税正在逐步上升。

但是，如果在退休时利用个人退休养老金账户等养老金账户领取退休金，则可以节省30%的税款。之所以提供节税福利，是为了鼓励上班族利用退休金过好晚年生活，而不是拿到后立即花完。

假设利用一般账户领取退休金，退休所得税为3 000万韩元，那么利用IRP养老金账户领取，则可以节省900万韩元的税款。当然，此时必须要满足一个条件，即通过IRP账户以养老金名义领取退休金。

第三个退休账户

管理好房子，也能攒到钱

到了晚年，可以将房子的投资组合编入退休资产来进行利用。我的意思是，年轻时，把房子投资组合和退休金融投资组合区分开，以明确目的进行管理，而退休后，将这两项资产结合在一起，应用到你幸福的晚年生活中。退休时利用房子的方案，可以分为两个。

第一，为房子进行“减肥”。金钱是带有循环性质的，但是，只有在需要时准确无误地出现在那里才能够发挥其作用。**在养老金或储蓄资产等金融资产严重不足的情况下，还要维持大房子，这种状况到了收入中断的晚年是有较大风险的。非变现房屋占个人总资产的比例超过50%时，哪怕缩小房屋规模，也要创造养老金等现金等价物。**

不是说让你临近退休，立即卖掉房子，而是说随着退休的临近，应该逐步实行规模缩减。你也可以平时密切关注房价动向，把目前居住的房屋卖掉，缩小房屋面积或搬到首都生活圈外围或地方城市。通过将捆绑在房子上的钱转变成养老金资产，可以享受更悠闲的退休生活呢。

第二，利用住房养老金。靠当前所持有的金融资产创造出退休前收入的70%，的确很不容易。例如，退休前月收入为300万韩元的人（以现在的物价为标准），退休后每月应该拿到210万韩元，而要想拿到210万韩元，就需要6亿～7亿韩元的存款。

这里的6亿～7亿韩元是以现在的物价为标准的，而物价还在持续上涨，因此，20～30年后，或许需要10亿韩元以上的存款。要想准备这么一大笔钱，真是难上加难。

就像将大象放进冰箱这件事，需要循序渐进地完成，大家也需要循序渐进地了解创造退休后现金流的步骤。前面，我已经建议利用国民养老金和住房养老金来创造40%的现金流。退休前收入的70%中，15%～25%利用国民养老金准备，15%～25%再利用住房养老金准备就可以了。你可以继续住在缺乏流动性的房子里，无须卖房即可领取养老金。因此，可以说住房养老金是准备退休时的最佳方案。

住房养老金是指将60岁以上的老年人拥有的房屋抵押给住宅金融公司，每月以养老金的形式领取固定金额，直到住宅所有者和他的配偶双方都死亡为止的制度。申请住房养老金的年龄要求是超过60岁。

此外，住宅总价低于9亿韩元的1套住宅所有者或多套住宅所有者（合并房价低于9亿韩元）才有资格加入（合并房价超过9亿韩元的2套住宅所有者，须以在3年以内处理不居住的房屋为加入条件）。[47]

房价由韩国评估委员会按照互联网市价决定，独立住宅或多户住宅还需要进行正式评估。住房养老金[48]基本上是以房子为抵押品的反向抵押贷款产品，因此，养老金金额会根据房价和年龄来决定。

房价高拿得养老金多，房价低拿得少。另外，申请住房养老金时越年轻，其生存期越长，领取养老金的时间越长，因此每个月领取的金额也会低于更年长的人。比如，根据现行的住房养老金制度，房价为3亿韩元时，不同年龄段可以拿到的金额分别是60岁为69万韩元，70岁为100万韩元，80岁为156万韩元。[49]适用的年龄以夫妻中更小年龄者为准。因为住房养老金是一种保证付款到夫妻双方死亡的产品。[50]

有关住房养老金，
大家最好奇的事情

关于住房养老金，大家问我最多的问题之一是，房价暴跌是否也能拿到之前的金额，因寿命长所拿到的住房养老金

金额超出了房价时会怎么处理。

住房养老金是根据加入时的房价确定的，由住房金融公司保障加入初期的养老金金额，即使房价下跌，在加入者或其配偶还在世期间仍可以拿到最初设定的金额。无需担心养老金金额是否会随着房价下跌而减少。

另外，即使你活到100岁，拿到的住房养老金超过了房价，也无需退还超出部分，并且能保证你和配偶在世期间一直住在该房子里。2018年以后，35～54岁购房主力人口开始减少，如果你担心房价下跌，我认为加入住房养老金是很值得考虑的。

相反，如果房价暴涨会怎么样呢？当房价大幅上涨时，房子的所有权仍然属于持有者，因此你可以卖掉房子并还清作为住房养老金抵押的贷款，无需有任何顾虑。

不愿意加入住房养老金的人必须知道以下三点

每次和晚年养老金严重不足的60岁以上的老人谈及住房养老金时，一开始他们都表现出关心，但实际上很多人都不愿意真正加入。尽管每个月都在为生活费而发愁，却对自己的房子有很强的所有权意识，想把房子留给子女，因此不愿意加入。有句话我一直都想对他们说。

第一，现在这个年代，都有人提议《不孝子预防法》[51]，子女赡养父母的义务问题已经成了社会话题。根据统计厅调查，有关老年人的经济自立能力方面，父母自己解决生活费的比例在稳步上升（与2008年的46.6%相比，2014年为50.2%）。相反，主要由子女提供生活费的比例则在下降。这种时代潮流也告诉我们，与其期望子女继承房子，还不如利用房子来过好晚年。

第二，住房养老金可以保障夫妻在生前领取养老金，直到双方死亡时，可以将已领取的钱和利息减去，剩余的部分仍然可以让子女继承，假如还清了贷款，整个房子都可以留给子女来继承。韩国的住房贷款中，25%是50岁以上的人群。其中相当一部分人为了子女的结婚资金、事业资金等，借钱给子女后一直没有拿回来而发愁。住房养老金正好可以帮助父母在晚年避免来自子女的各种风险，过好晚年。

第三，有句话叫作“Die broke”，意思是钱花完了再死。晚年生活也要幸福。空有一套房子，而没有足够的生活费，只能度过穷困的晚年。先考虑你自己和配偶两个人的幸福，如何？让子女们看到你们夫妻俩幸福的晚年生活，这也是培养他们独立能力的好办法。我建议你采纳“花完再死”的观点。

焦 点

隐藏在住房养老金中的节税复利其实很多

不少人加入住房养老金时，一听到会产生各种费用便作罢，打道回府了。加入住房养老金时，需要花的几项费用如下。以3亿韩元房子为例子（见表4–5）。

表4–5　以3亿韩元房屋购买住房养老金时，需要花的各项费用

为设置抵押权的律师费用	25万韩元左右
贷款机构印花税	75 000万韩元
鉴定评估手续费（需要鉴定评估房屋时）	50万韩元左右［有韩国评估委员会互联网市价或韩国国民银行（KB）互联网市价时，不会发生鉴定评估手续费；即大部分楼房不发生手续费］
申请住房养老金时的初期保证费用	房价的1.5%

申请住房养老金时要缴纳的初期保证费，不是立即缴纳的，而是用贷款余额来结算，当发生中途解除合同或因死亡等原因而终止合同时进行结算。比如，3亿韩元房屋需要缴纳的初期保证费为450万韩元左右，这是一笔不容忽视的金额。

有互联网市价的房屋，律师费、贷款机构印花税、鉴定评估手续费的负担并不重，但申请时要交的1.5%的初期保证费（即便不是立即交，而是以贷款余额日后结算）仍然是一笔不小的费用，因此，很多人犹豫再三后还是选择作罢。

不过，初期保证手续费等于是当房价下跌时由政府来保证养老金金额而收取的费用，是一笔不可省略的费用。加入者可以抱着“房屋使用完还可以留下剩余部分”的观点，克服对这笔费用的反感。

我想因住房养老金加入时的初期费用而犹豫的人，听到节税复利也会改变想法。因为现在的住房养老金隐藏着不少节税复利。

第一，财产税减免优惠

晚年的财产税其实负担不轻。像首尔一般的楼房财产税（包括附加税）1年就有50万～100万韩元。但是领取住房养老金时，就可以享受财产税减免福利。5亿韩元以下的房子可以减免财产税的25%，超过5亿韩元的房子可以减免其中5亿韩元部分的财产税的25%。等于财产税为100万韩元时，每年可以享受25万韩元的节税优惠。如果领取30年住房养老金时，一共能享受到750万韩元的节税优惠。

第二，收入抵扣福利

现在，由于老人人数少，养老金收入的所得税问题尚未上升到社会问题，国民养老金领取金额、养老金储蓄领取金额、日后的退休养老金领取金额等都加在一起的话，养老金收入的所得税也会多起来。加入住房养老金后发生的贷款利息，可以抵扣每年最高200万韩元的收入税费。假设，适用所得税的上限税率为16.5%，那么等于拿到了33万韩元退款。如果领取了30年住房养老金，总共获得990万韩元的节税优惠。

第三，设置登记税等抵押权时，可以享受各种减免税福利

住房养老金也是贷款的一种，因此也会发生各种登记税，不过可以适用免征登记税（设置金额的0.2%）、免征教育税（登记税额的20%）、农渔村免除特别税（登记税额的20%）、免除购买国家住房债券的义务（设置金额的1%）等福利。

正因为住房养老金是国家的政策项目，因此才会给予这些优惠福利。如果委托价值3亿韩元的房子，即可以拿到90万韩元左右的福利（约0.3%）。

第四个退休账户

利用养老金储蓄账户

想趁年轻时每月都能领到工资坚持投资，以准备晚年生活，那么有哪些好产品可以购买呢？工资不见涨，税却逐渐增加，那么，有没有产品可以确保即使发生很大收益也无须缴纳金融所得税，反倒可以享受节税福利呢？如果有，那么能不能同时带有一种功能，即每次有了多余现金时，把大笔钱存进去，当需要花钱时，取出一部分使用呢？

要想实现投资者的这种要求，只靠某一家金融机构是不可行的。它还需要税务等政策支持，而这属于国家的固有权力。实际上，韩国的金融投资和储蓄产品中的金融所得税（利息和股息）是很难回避的。

每年发生的利润额中至少15.4%是这部分税金，而综合征税对象的高额资产家需要负担高达41.8%的税金。假设年利率达到10%，那么意味着1.54%～4.18%的回报率被作为税金交给了国家。纳税后，真正进入自己口袋的钱才是实际回报率，因此，在为退休资金做投资规划时，不得不考虑税金这一因素。

对此，韩国政府为了老龄化婴儿潮一代的退休资金准备，制定了所得税法第20条第3项（养老金所得）来提供税收福利，韩国的金融机构也根据该法律条款设计了各种产品。

凡是满足义务缴纳5年以上、55岁以后以养老金形式分期领取10年以上的人，均可加入养老金储蓄账户。由于适用税制优惠，所有金融机构加在一起，每年缴纳限额为1人1 800万韩元，而缴纳所得税的人，可以针对这1 800万韩元中的400万韩元（平均每月大概34万韩元，每年最高400万韩元）享受13.2%（只有劳动所得的人才可享受，如工资总额5 500万韩元以下者或综合所得金额4 000万韩元以下者等，则是16.5%）的抵免优惠。换言之，该缴纳的税金中最多可以减免528 000韩元。此外，对于储蓄期间发生的利息和股息收入，其征税时间延期至55岁之后开始领取养老金的时间。等于是，利用长期养老金储蓄账户防止15.4%～41.8%的税金从账户上流出，有利于退休资金的筹备工作。

当然，获得抵税福利的缴纳额（每年最多400万韩元）和该养老金储蓄账户所产生的利润部分，在领取养老金时，私人养老金领取总额每年在1 200万韩元以下时，可以分成3.3%～5.5%的低税率来缴纳税金。也就是说，这种结构是在准备养老金的储蓄阶段，享受抵税政策增加晚年养老金储蓄额，在领取养老金时，针对养老金（抵税的本金和利润发生额）缴纳所得税。

养老金储蓄账户隐藏着国家所提供保障的巨大秘密，可以让你在年轻时延迟缴纳所得税，避免立即缴税而流失金钱。当然，每年领取1 200万韩元以上的养老金的话，就会成为综合征税的对象。不过，可以尽量设置长期养老金领取时间，最大限度利用所得税个人扣除和养老金收入扣除等节税优惠政策，减少缴税负担，因此，没必要现在就开始杞人忧天。

在中途解约养老金储蓄账户之前，至少应该记住这一点！

允许减税的养老金储蓄账户分为三种，信托类、保险类和基金类。养老金储蓄账户需要缴费到55岁，并以养老金形式领取。中途解约合同时，之前所领取的税收抵免优惠的本金和所发生利润被视为其他收入，需要额外缴纳16.5%的其他所得税（如果属于不可避免情况时，则缴纳13.2%）。毕竟养老金储蓄账户提供了节税优惠，因此请你做好长期储蓄的准备，一定坚持到55岁并以养老金形式领取的心态去经营。

像养老金这种储蓄账户，一旦加入，就要坚持到55岁的长期产品，维持起来并不像想象的那么容易，因此一定要慎重考虑每月缴纳的金额。中途解约养老金储蓄，对自己无一利。

当然了，有时候还是会遇到一些不可避免的情况。当你想把养老金储蓄变成其他类型的产品（基金、信托、保险），其他金融公司或同一产品内的其他基金或信托、保险时，该怎么做呢?

眼睁睁地看着股市在飙升，而你加入的养老金信托却是年利率2%～3%触底的情况，再加上你本人临近退休，那么面对退休基金收入如此不稳定的情况，想把养老金转到另一家金融公司的养老金储蓄账户的想法也是正常的。

当你对加入的养老金储蓄账户心存不满时，在考虑解约之前，建议先利用“养老金储蓄账户合同转移系统”。利用此系统中途解约无须硬性减免税金，不会出现任何税金上的损失。

焦 点

如何充分利用
养老金储蓄账户

如果你还年轻，值得先加入养老金储蓄基金的股票占比高的产品，进行积极地经营管理，到了退休前5年，再把合同转移到养老金储蓄基金中股票占比低的混合型产品或银行经营的养老金信托。

最好在年轻时以长期回报率超过通货膨胀率的股票进行经营，在临近退休时，则需要提高收益的稳定性。

每年至少与其他养老金储蓄基金进行比较和检查

如果你已经加入了养老金储蓄基金，需要定期比较自己的基金与其他经营公司的养老金储蓄基金的优良情况。即便是相同的养老金储蓄基金，回报率出现天壤之差的情况也不少。

我认为有些基金经营公司把养老金储蓄基金当成了顾客一旦存入就不再解约的资金，不太重视管理。因此，每年至少要对你加入的养老金储蓄基金进行一次检查，评估经营公司的经营能力。对于明明承担相同风险，经营成绩却不同的基金，需要利用前述的养老金储蓄账户合同转移系统来更换到其他经营公司。

把目光投向海外基金投资

如果你属于拥有足够储蓄余力的投资者，那么可以积极地将养老金储蓄账户用于海外基金投资上。也就是说，选择养老金储蓄账户中的基金，将海外基金编入同账户的子基金中。

韩国国内股票型基金，在税制上可以适用免税优惠，但是海外基金（投资到欧洲等国家的股票、债券、基金）所发生利润的15.4%～41.8%就得作为金融所得税缴纳。因此，养老金储蓄账户可以用作为海外基金，提高整个金融组合方案的税后回报率。

1个人每年最多可以缴纳1 800万韩元，因此，一对夫妻如果各自在账户上存入最大金额，那么5年后可以筹备到1.8亿韩元［5（年）×2（人）×1 800（万韩元）］的免税金融资产。

从2014年起，保障新开设的养老金储蓄账户中，不享受抵税部分可自由中途提取，因此，需要大笔资金时，可以中途从养老金储蓄账户取款，满足资金需求。韩国市场仅占全球养老金储蓄账户市场的2%，建议眼光不要只锁定韩国市场，而是将其用作为各种海外投资的起点。

假设，35岁上班族金某每月往养老金储蓄账户存入50万韩元并持续20年，基金经营收益率为年5%，55岁开始领取养老金。此时，考虑每年抵税的52.8万韩元以及经营时免征金融所得等因素，到55岁时，可领取的金额为2.04亿韩元。如果相同金额用一般基金来经营的话，每年的金融所得税都要缴纳相应的源泉税，并进行再投资时，55岁时达到1.87亿韩元。可以说其中相差的1 700万韩元是来自节税优惠的利益。

随着韩国社会的老龄化不断加深，养老金储蓄账户的福利会越来越多。看来，准备退休资金时，将养老金储蓄账户放入金融资产清单已不再是可选项，而是成了必选项。

加入DB型退休养老金账户可以享受的零散节税优惠

根据税法，我们将前述的退休养老金中的DC型退休养老金账户、个人退休养老金账户（IRP）和养老金储蓄账户统称为养老金账户，我在本书中说明节税优惠措施时，会将这三个账户称为养老金账户。

注意，DB型退休养老金账户并不是税法上的养老金账户，它不能存入退休养老金中的个人承担部分。加入DB型退休养老金账户的人需要另外开设个人退休养老金账户后，再存入个人承担部分，这样就可以享受节税福利了。

第五个退休账户

退休后
也能创造收入流的养老金保险

退休规划的关键是退休后也能创造现金流，准备可以用于晚年生活的收入。建立退休后的收入流的好方法之一，就是接下来要说明的养老金保险。

与前述的养老金储蓄不同的是，养老金保险中，所缴纳的本金无法适用抵税优惠。也没有基金、信托等形式，只有养老金保险（不过，1个人一次性缴纳2亿韩元以内或5年以上每月缴纳储蓄性保险并坚持10年以上时，可以免缴利息所得税，在领取养老金时，无须缴纳养老金所得税）。

考虑现金流，
做出合理的选择

将来，你在选择退休产品时，会面对无数类似这种养老金支付型产品。你要明智地分析钱的价值有何不同。眼下手中的钱和未来可以拿到的钱，这两者的价值完全不同。未来领取的钱的价值，必须大于现在手中的钱的价值。因为你把手中的钱委托给银行，银行就能给你本金和利息。

拿未来的现金流和现在的现金支出交换的行为，便是投资和储蓄。换句话说，牺牲眼下握在手中的、可以明确消费的钱，去追求未来的现金收入，这种行为就是我们所说的投资和储蓄（说得更加严谨，两者的不同之处在于，储蓄期待的是有把握的未来收益，而投资期待的则是不确定的未来收入）。

因此，**在决定所有投资和储蓄决策时，必须考虑和分析现金流的概念后，做出合理的决定。尤其是退休资产是花很长时间筹备的资产，因此，需要长时间去理解现金流，分析其回报率是否合适，再选择产品**。

假设和你有交易往来的银行建议你，“现在投资1亿韩元，加入从现在起未来20年期间每月可固定支付70万韩元的养老金产品”（本金被清零）。如果此刻你还有一个选项，即手中的1亿韩元先抵税后，可以以年利率3%的复利经营20年（等于每年拿到300万韩元的利息）。那么你觉得接受银行的提议明智吗？如果选银行的提议，那就等于分期领取总价值1.68亿韩元的资金，你认为哪一种选择更为合理呢？（见表4–6）

表4–6　终身养老金vs 20年存款

终身养老金	购买1亿韩元养老金产品的话，承诺20年期间每年支付840万韩元（每月70万韩元），20年后本金清零
20年存款	每年作为利息，税后支付价值为年利率3%的300万韩元，20年后支付1亿韩元本金

在上面的例子中，20年期间能领取的每月70万韩元的现值约为1.25亿韩元（以年利率3%复利贴现时）。假设我们现在以3%的复利经营1亿资金，不难看到它的价值低于上述例子中的每月70万韩元的价值。因此，以70万韩元养老金名义领取的方法，与以税后年利率3%经营眼下手中的钱的方法相比时，前者更明智。

如果这个解释不太好理解，那么，请记住一点，关键在于“精于计算，而是在选择退休金融产品时，必须看清楚现金流，仔细考虑它的收益性”。

与其盲目地存钱，不如比较现金流的收益率。如果你觉得计算比较难，可以托负责的银行员工来计算。任何产品都要提出正确的问题，彻底理解，要不嫌麻烦地比较各种产品，想一想，做这些准备工作，和日后缴纳几十年养老金却只能拿到低回报率时所受的痛苦相比，这简直不值一提。

养老金保险，
一定要仔细考虑收益率

养老金保险的魅力在于日后领取时免税，因此节税效果极佳，而且开始缴纳后可以作为养老金来领取。

首先，我们来看看养老金领取方式，大致可以分为继承型、终身型、固定型。在养老金开始时选择继承型的话，本金在加入者死亡时支付给其家人，而本金的利息则支付到本人死亡为止。这种方式和加入定期存款后平时拿利息，到期收回本金的方式类似。

固定型，则在加入者所指定的期间内（5年、10年、20年等，加入者可以指定选择），以养老金形式支付本金和利息。选择终身型时，本金和利息由保险公司来支付，以养老金形式发放直至被保险人死亡。被保险人只要还在世，会一直支付下去（本金清零）。

我想听到这些，一定有人表示吃惊。对，活得越久，获利越大。保险公司会利用经验寿命表预测寿命，并执行相应的终身养老金计划。如果你活得比保险公司预期的时间更久，那么，终身型养老金会带给你很大的回报率。

为了帮助你理解，下面我想用数字来大概说明一下。假设，你在45岁开始了养老金计划，缴纳的养老金保险本金评估额为1亿韩元左右，那么，选择继承型时，每月可拿23万韩元；选择终身型时，每月可拿30万韩元（保证100岁）；选择在20年固定期限内领取的固定型时，每月可拿53万韩元（这只是有助于大家理解的大概金额）。

如果你加入年利率为1.7%的定期存款1亿韩元（扣除利息所得税率15.4%后），每月可领取12万韩元［1亿韩元×1.7%×（1−15.4%）÷12］，而与定期存款效果相似的继承型养老金保险为23万韩元，因此可以拿到比短期的定期存款产品更多的养老金。因为养老金保险属于长期产品，有不征税的优点。

如果你现在是45岁，那么还能再活20年或更长时间。因此，选择本金和利息支付到死的终身型，与只支付利息的继承型相比，能拿到更多养老金。而终身型与20年或30年期间分期支付本金和利息的固定型相比时，其养老金金额却只能更少。一般来讲，就养老金数额而言，终身型高于继承型，而固定型高于终身型。

像上述情况下，你选择了终身型来领取养老金，并且活得比平均寿命长得多时，所发生的回报率可是非常可观的。因为保险公司是把你的预测寿命设为80岁出头而设计了终身养老金方案的，而你实际上多活了40年。

当然也有相反的情况。即在过早死亡的情况下，确实会产生相对损失。不过，在这个害怕活得太久的超老龄化时代，我认为终身型方式的养老金保险才是可应对寿命过长时的最佳方式。因为大家都是在不知道自己能活到多久的情况下加入养老金保险的。

你签订的养老金保险
并不是区区价值30万韩元的物品

养老金保险有两个主要类型。一种是利息挂钩型产品，它根据每家保险公司公布的公开利率，以复利形式加息，增加养老金资产；另一种是变额养老金，它是将保费投资到股票、债券等方面，养老金资产会随着经营业绩而变化。

很多人并不知道自己加入的产品是怎么运作的。这种人简直就是贵族。荒唐的是，甚至有的人加入了养老金却不知道那是养老金。他们抱着2～3年后解约的想法加入养老金，就这样重复加入和解约。

这样别说想挣钱，自己都没有想过钱在哪里，钱当然不会来找你。你需要坚持监控你的钱都经营在什么方面，如何经营的，前景如何等等。

假设你加入每月30万韩元连续缴纳20年的养老金保险。你要签订的养老金合同，不是区区价值30万韩元的一份合同。这可是价值7 200万韩元（30万韩元 × 12个月 × 20年）。如果你一生中挣12亿韩元，那么这笔钱相当于你一生收入的

6%，是一笔巨大的数目。如果你将30万韩元投入全球资产分配基金中，获得了年8%的复利收益，那么这笔钱就会成为1.4亿韩元的巨资。

要想加入养老金保险，那么比较一下三个以上养老金保险的公布利率、总手续费、运营费用等项目，选出最适合你的。你要抱着寻找未来20年替你稳定经营资金的合作伙伴的诚意和心态，选择养老金。

焦　点

养老金保险的最佳选择技巧

我的基本观点是，你要根据自己的退休时间来选择不同的养老金保险。选择养老金产品时，必须比较3～4个产品，需要比较投入（一次性加入或每月储蓄）与输出额（养老金数额），检查佣金率。同样投入了1亿韩元，届时领取的费用也会根据产品、销售渠道而大相径庭。

公布利率养老金保险vs定期存款

定期存款和公布利率养老金保险，两者均和利率挂钩，从这一点考虑是安全的，但也有跟不上长期的物价变动的可能性，随着时间的推移，养老金贬值的概率高。因此，我认为，公息养老金保险适用于10年内退休的人合并安全资产的操作。公息养老金保险按照不同保险公司、销售渠道（银行保险、GA、规划公司渠道）会有不同的收益率。这是因为他们公布的利率不同，手续费等诸多相关业务费用均不同。

略微高于定期存款利率的公息养老金保险，因免税效果而在税后的利息收入中碾压定期存款，但是毕竟属于长期捆绑资金的产品，因此，还是要从保险公司、手续费、销售渠道等方面比较2～3家后再选产品。

一定要查看金融公司的稳定性

公息养老金保险不是投资产品，而是长期的储蓄产品，因此，必须检查保险公司的偿付能力。对于需要持续10年以上的养老金产品而言，保险公司的安全性尤为重要。

如果经营你养老金的保险公司不安全，20～30年后领养老金时，就会陷入困难。人们往往并不考虑这一点，只凭利息高就盲目加入。即将到来的超老龄化时代，金融公司的破产将成为重大问题。当金融公司名存实亡时，储蓄产品就要面临很大风险。与2011年发生的储蓄银行暂停营业事件一样，保险公司一旦被勒令停业，大家加入的养老金保险也会面临风险。投资根据市场状况有亏损的可能性，而储蓄产品则在很大程度上取决于所购买产品的金融公司的稳定性。

变额养老金保险vs股票型基金

我认为45岁之前的人，即退休前还有很长时间的人，适合选用变额养老金保险来准备退休资产，因为它是在考虑股票比例的基础上经营的。

有人拿变额养老金保险和股票型基金做比较，但是这两种产品根本无法进行比较。两者的股票比例不同，经营目的和时间也不同。变额养老金保险最大的魅力在于，将保费投资到股票、债券等方面，以补偿由通货膨胀引起的养老金资产的减少。此外，它不同于基金，具有保险特有的保障功能，它有各种优点，如在养老金开始时保障本金（其实我认为，保本并没有那么重要。从长远角度来看，与其为了保本而付出成本代价，还不如承担风险）、提供在变额养老金保险产品内可根据加入者的选择而调整股票比例等选项。

但是，加入变额养老金保险时，也必须考虑业务成本、经营管理能力、总经营资产规模等因素。此外，根据产品、销售渠道等因素，总业务成本会出现很大差异，因此必须要经过3～4个产品的比较过程（尤其必须彻底比较业务费用等手续费）。这是一个选择合作伙伴陪你走到养老金领取的过程，而且你一生收入的相当一部分都要投资其中。

此外，当退休离你越来越近时，请你一定要考虑减少股票比重。当退休已指日可待，股票也已经达到了一定的回报率时，务必自动地减少股票比重。

至少需要保持10年，看其趋势

任何养老金保险，要想看到效果，都需要维持至少10年以上。维持10年以上实属不易，但是养老金毕竟是为了退休做准备，一定要坚定决心，将其纳入退休资产。

如果是10年之前有解约可能性的资金，最好不要加入。保险产品，有长期稳定的经营收益率和低廉费用等优点，但与此同时也有它的缺点，如业务成本等初期手续费很高，解约会赔钱。

先从目前持有的金融产品开始细心梳理

经常有人问我，要不要解约过去加入的产品，加入其他的退休养老金。他们沮丧地告诉我："我买的产品五花八门，什么终身保险、储蓄保险、养老金保险等等，压根不知道它们都是怎么经营的！"

需要加入新产品时，第一步需要认真梳理眼下持有的金融产品。请你确认一下过去最先加入的保险的最低保障利率。几年前加入的保险（储蓄性保险、终身保险）的最低保障利率为年2.5%～3%以上，而10年前，还有保障最低利率

6%～7%的产品（尤其是已经支付了长期手续费的情况下，一旦解约，其损失有多大可想而知）。

加入了这类产品的人，等于有了长期获得高于该利率以上的固定利率的选项。没必要非得解约这么好的产品，去换另一个产品。盲目地变更，还不如好好分析已加入的产品，决定留下适合自己的产品，这才是我们明智的选择。

第六个退休账户

一举完成资产管理和节税的ISA万能存折

假设57岁退休的一位家长，已经准备了3亿韩元退休资金，利用这3亿韩元，每月提取150万韩元作为生活费的话，可以用几年呢?

答案取决于3亿韩元的退休资金是以多少利率经营的。假设以年2%的利率经营并提取生活费，那么资金消耗时间为18年，也就是说到了75岁，退休资金将化为零。

但是如果以年利率5%来经营，并每月提取150万韩元来使用的话，消耗时间点可以推迟到35年之后的92岁。如图4-1所示。这意味着，我们已经迎来了靠经营退休资金来度过晚年生活的时代。

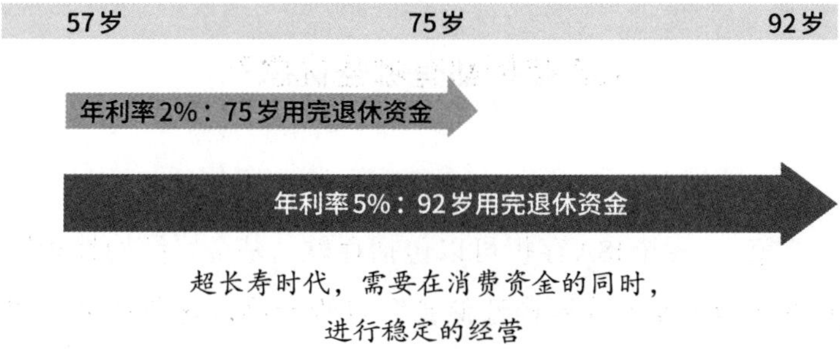

图4-1　57岁退休后，退休资金的耗尽时间

随着老龄化急剧加速，韩国政府在2016年通过税法修订等举措，引入了个人综合资产管理账户ISA，以支持人们进行退休规划。

如果符合条件，是否需要开设ISA账户呢？答案是“必须加入”。因为即使滚动相同的钱，如果通过ISA账户，那么就可以获得各种好处。这种收益是政府提供给大家的纯收益，有了它，你的经营回报率会自动上升。

ISA存折开设后，每个人都设有每年缴纳限额和总缴纳限额。5年期间缴纳最高达1亿韩元的本金后，就有来自本金的收益金部分，可以享受节税优惠。

当然，这些优惠的背后，也设有限制条款。它要求ISA存折必须维持至少5年时间，这5年期间，不允许提取本金和收益。此外，在每年缴纳限额范围内假设中长期管理，在ISA账户中经营资金。

ISA存折都有哪些优惠？

首先来了解一下ISA存折的好处吧。

第一，一个ISA存折可以包括存款、基金、结构性理财产品（ELS等）等异构性储蓄和投资产品，这些产品可以在ISA存折内根据市场情况而自由交换（出售和购买）。在ISA存折内出售和购买时，各产品所产生的利息收入、股息收入和投资损失都会在ISA存折内相互结算，最后计算出净利润。因为投资损失是从存款或投资产品产生的利润中扣除的（之前的其他投资产品，分别针对各个产品进行征税，因此，一旦有了利润，所有利润都要被征税，而不会退回损失部分的税），因此，日后只需针对纯收入（从利润减去投资损失而得到的金额）缴税，从而获得很大的节税福利。

第二，第一项中计算的总应纳税所得额中，200万韩元无条件免税（如果是年收入低于一定金额以下的人，250万韩元无条件免税）。

第三，总应纳税所得额中，除了200万韩元的免税部分以外，剩余部分适用的是9.9%（而不是15.4%税率）的低利率单独征税制度（由ISA存折发生的收入，从根本上被排除在金融所得综合征税对象之外）。

如果，金先生缴纳了最高限度1亿韩元，IAS存折5年期间的总收入为1亿韩元（产品A盈利1.5亿韩元，产品B亏损5 000万韩元）时（产生100%的回报率），200万韩元免税，9 800万韩元则适用9.9%单独征税制，因此，其中的970.2万韩元作为源泉税缴纳，金先生可以取走的是9 030万韩元的收入加上本金1亿韩元，总共1.9亿韩元。（本金1亿韩元+产品A盈利1.5亿韩元−产品B亏损0.5亿韩元−税970万韩元＝1.9亿韩元）

如果你分别购买了一般产品，那么源泉税征收金额为2 310万韩元（1.5亿韩元 × 15.4%），5年后取走的本息金为1.769亿韩元。ISA存折带给你的利润为1 340万韩元。（本金1亿韩元+产品A的利润1.5亿韩元−产品A的金融所得税2 310万韩元−产品B亏损0.5亿韩元=1.769亿韩元）

如上述例子，ISA存折之所以好，是因为各种产品的损益在ISA存折中结算，结算后的应纳税所得额中以200万韩元的限额进行免税后，再以低利率对剩余的利润进行单独征税。

因此，如果你想为准备退休生活而进行储蓄，最先应该考虑的产品就是ISA存折。ISA存折已经成了人们的必需品。因为它是真正适合管理资产的万能存折。

那么为了幸福的退休生活，包括ISA存折在内，我们应该如何管理金融资产呢？节税固然好，但唯有收益好，相应的节税金额也会水涨船高。

ISA存折中可以使用的子产品

最近，不断出现衍生金融产品，比如ELS（股票挂钩证券，Equity-Linked Securities）、DLS（其他衍生连接证券，Derivatives Linked Securities）等等。我们能够容易接触到的个股或股票型基金并没有固定期限，而是随着股票的涨跌而产生盈亏。然而，ELS或DLS则有固定的期限，基础资产的收益率会根据所规定的波动幅度标准确定，具有在到期前获得提前赎回机会的优势。当然，如果选错了基础资产，如果不是保本型，损失本金的可能性还是较大的。

ELS等产品，只要仔细分析完基础资产、提前赎回条件、到期日、到期日赎回条件等后加入，那么不仅在上涨行情中能获得收益，而且在下跌行情中也能获得不错的收益。其中，基础资产方面，发行较多的具有以EURO STOXX 600指数、香港H指数为基础资产的ELS。

如果你看重本金的安全性，例如可选择存款、国债等，可以选择保障本金或保存本金的产品。在计划纳入ISA的资产的30%范围内，可以考虑投资ELS等衍生产品。在ISA存折中也将ELS限制在30%以内的理由在于，ELS在这个低利率时代是一款非常好的替代产品，但是如果总经营资产都集中在ELS上，很难称其为健康的资产管理。

投资ELS时
必须确认的内容有哪些

即便是在股市被锁定在一定区间的时候，ELS也还是能通过提前赎回实现盈利，因此具有另类投资优势，但是在投资之前，仍然需要确认以下几点。

首先，要选择合适的基础资产。如果有不熟悉的基础资产或者对提前还款、到期还款的条款没有信心，请不要选择加入。这是上策。

尤其是以个股为基础资产的ELS，除非你对个股有深入的了解，否则连看都不要去看它！这是因为股票在3～5年循环周期内在低点和高点之间来回穿梭，尤其是近年来跌停宽度扩大到30%，因此，个股的风险非常大。

在投资ELS的时候，不要只看高收益票面的表面，还要同时考虑敲入（Knock In，是指设置一定的指数区间，一旦跌破指数区间，Knock In就会成为有可能损失本金的状态，请一定要记住这个定义）条件、提前还款结构。

投资ELS时要想考虑更多的安全性，最好的方法是加入基础资产彻底和指数挂钩、敲入条件设为无敲入（No Knock In）、提前还款可能性设置得更高的产品。在加入衍生产品前，必须仔细听取产品的详细说明，考虑各种情况后再加入。登录每个证券公司或银行的网络主页，就能看到他们每两周定期发布一次ELS等产品。参考这一点，找一个即使在同等条件下也能获得更高回报率的地方加入。这也不失为好办法。

另外，在超低利率时代，为了能够获得更高一点的利率，还可以考虑将债券存入ISA存折。像CP（商业票据，Commercial Paper），或公司债券等，都被称为优质商业票据。建议你咨询和你有交易往来的各家金融机构，询问是否可以投资这些领域。当然，这并非没有风险。

然而，与股票不同的是，只要债务人没有违约（破产等）时，债券投资是一个很好的投资手段，它可以确保本金和利息。在我的熟人中有很多人正是通过只做债券投资，实现了银行利率2倍以上的优异成绩。但是，如果你无法正确掌握发行该债券的发行主体的信用风险，建议你保留投资。再强调一次，最好不要投资你不了解的对象。

在其他ISA存折中，可以将全球资产分配基金、海外债券基金等纳入征税对象的基金，这些内容我准备在后面的章节中详细讨论。

为了退休资金而投资时，必须遵循的投资原则

我在管理富人资产的11年期间，体会到了一些事情。

第一，世界上存在各种各样的金融产品和市场可供投资。全球存在欧洲与亚洲等各种市场，而可投资的金融产品也已经实现了细分化，如股票、债券、房地产、黄金、货币以及实物等等。然而，韩国的个人投资者却被“典型错觉”所束缚。大多数人倾向于只投资韩元、韩国资产，这种趋势很明显，有的投资者就像井底之蛙。唯有从井底爬出来，才能知道以较低的风险获得更高回报的途径。

第二，再厉害的投资大师也不能违背市场规律。不要试图与市场抗争。要想投资成功，就必须顺势而为，把握好方向。例如，韩国上市公司的净利润自从在2010年记录了史上最高点后，便一直呈下滑趋势。虽然收益多少有点改善，但

大趋势似乎不太可能轻易逆转。此外，还有人口不断减少、房价有暴跌风险等各种问题存在，一句话，韩国的金融市场很疲软。在20世纪中期备受关注的巴西和俄罗斯等依赖天然资源的国家，也面临着和韩国相似的情况。现在，你要想投资，需要关注的是主导全球经济的发达国家。

第三，价格会随着投资地区和投资产品而随时波动。我们称之为波动性或投资风险，在投资领域，回报越高，风险就越高。相反，安全的产品风险低。

基于这些内容，建议大家在为退休资金做投资时遵守以下四个投资原则。

第一个投资原则，尽量降低眼光，专注于“中等风险，中等回报”

投资的首要原则是降低投资风险的同时，增加回报。建议大家合理调整自己的投资眼光，设定每年年利率为4%～6%的管理目标。为此，你需要承担一些投资风险。你不想冒任何风险？那你应该满足于年利率2%的生活。事实上，任何保守的投资都是伴有风险的。或许，我们的日常生活中也存在风险。

避免所有风险是不可能的。避免所有风险的人，大概是那种什么都不做或躺在坟墓里的人。这种舒适的长期代价难道不是更大的风险吗？

我们再来看看投资风险与收益的关系。风险与回报成正比。[52]我们所熟知的韩国股市代表指数KOSPI案例中，从1997年到2014年的18年间，年收益率为6.15%，年波动率（投资风险）约为24%。18年的历史统计数据表明，投资者承担的投资风险回报率一直都不太好。这意味着或许达到了最高收益（30.15%＝6.15%＋24%），或投资错了就很有可能亏损（−17.85%＝6.15%－24%）。当然，近期KOSPI指数的波幅已大幅减少，但是考虑到几年来一直徘徊在原地的回报率，投资风险仍然很高。

因此，我们的目标是在降低风险的同时略微增加回报。[53]再强调一遍，退休资金的投资目标应该尽可能降低眼光，如果当前利率约为2%，那就追求4%～6%的回报即可。

不应该重蹈覆辙（比如储蓄银行事件等），继续追求一夜暴利获得高回报。要摆脱错误的理财投资方式，管理好投资风险。

第二个投资原则，
往波动性低的全球市场做分散投资

然而，矛盾的是即使是口中大喊“我想赚取稳定收入”的人，内心依然抱着“渴望获得更高回报”的想法。本来是

"我不投资，我不投资"，后来看到市场继续升温，心中不免担心"看起来别人都很赚钱啊，再这样下去，会不会只有我一个人赚不到钱呢？"

接着，为了尽量减少后悔，最终还是把手伸向股票投资上，而此时却是投资的最高点。普通人开始心生贪念时，正是最高点。这就是发生房价跌到一半、巴西债券事件、东洋证券事件的原因。都想便宜买，高价卖，但是我们都知道这件事并不容易。如果都能做到，那世界上就不会再有人为钱发愁了。

那么，应该如何为退休进行投资呢？最好的方法是坚持在已经验证的市场中挑选超额回报。从历史上看，在全球市场进行多元化分散投资虽然不是高收益，但总比在低利率市场毫无作为要好。

我在这里使用了"全球"这个词。全球意味着全世界。我们需要注意一点，即市场的规模。KOSPI上市总金额约为1 270兆韩元。然而，美国具有代表性的上市指数纳斯达克指数比KOSPI大7倍以上，Euro Stoxx 600比KOSPI大10倍以上。此外，KOSPI很容易受到国际形势变化的影响，KOSPI的公司往往会因为海外发生的事件（美国、日本等政策），损益出现变动。

我们用常识也能想到！既然我们生活在全球化时代，那么投资回报率高于风险的地方应该是哪里呢？

明明现实如此，但韩国人投资韩国市场的比例依旧很高。截至2014年年底，韩国投资占基金托管总额的70%以上，可见，大部分投资都是趋向韩国市场的。

你知道韩国股市在全球股市中的占比是多少吗？韩国股市仅占全球股市总市值的2%。[54]如果固守韩国市场，等于韩国人忽略了98%的市场，犯了只投资熟知对象的错误。失去了98%的投资机会，这意味着在赚到同样的回报时，需要承担更多的投资风险。

自2008年金融危机以来，美国市场是迄今为止最好的。尽管危机是因美国而起，但美国通过量化宽松政策迅速恢复了经济。此外，欧洲和日本也通过不同的量化宽松政策呈现出经济复苏趋势，从而带动了股市上涨。

然而，韩国呢？有太多的投资者仍然紧抓着韩国市场或巴西和俄罗斯等市场，而不是美国、日本等发达市场。此外，明明除了股票以外还有各种投资对象，比如全球债券和另类投资等等，可韩国的投资者往往埋头于股市，而错过了很多投资选项。投资时，即使是相同回报，也要承担更少的风险。波动越大，风险越大。从这个角度来看，我认为韩国人该采取的替代方案应该是往投资机会更多的98%投资市场分散投资，同时降低风险。

在当今这个变幻莫测的金融环境中，要想在承担低风险的同时获得稳定的投资回报，就要规划投资全球的组合方案。避免偏向于某一个地区、一个国家或某一个资产，通过分散投资于各种股票、债券、房地产，积累4%～6%的利润，这种友好的投资方法才是我们所需要的。

过去是呈现强势增长的时代，年利率为5%～10%，这与当下超低利率时代的1%的利率差距实在太大。单纯地将钱存入银行或将钱投资在一种产品上的时代已成过去。就在年利率固定在4%～5%的几年前，冒风险做投资的吸引力并不大。而到了年利率1%的利率时代，说全球组合方案的魅力大于大部分产品也不为过。

尤其是2016年，突发变数较多，市场行情难以预料，多元化分散投资于各类全球资产（股票、债券、房地产资产等）的全球资产分配或全球多资产基金有望成为优秀的选项。

事实上，韩国KOSPI指数从1997年到2014年的18年间波动率为24%，远远高于投资全球资产分配基金时的波动率8.76%的水平，KOSPI的平均年回报率为6.15%，低于投资该基金时的7.35%。

我要再次强调一遍，就养老金资金投资而言，降低风险的同时，可获得较少的预期收益的全球资产分配方式很适合用在稳定的养老金基金管理上。你可以在有交易往来的银行或证券公司轻松加入这些全球资产分配产品。

第三个投资原则，频繁交易是降低退休投资回报率的罪魁祸首

为什么投资的时候是高点，卖出的时候是低点？这是因

为人们总是在做可以最大限度减少后悔的决定。因为对后悔的恐惧等于它所带来的痛苦，所以我们会做出减少后悔的选择。然而，正是这种不合理的选择阻碍了正确的投资。[55]

过去幻想高收益而惨遭大失败的投资者，从此会对投资有心理阴影。这是因为过去的失败经验带来了压力。自从投资者从投资市场洗手后，投资市场恢复了正常，股市也开始上涨。这会让其更加痛苦。

查看历史波动数据，我们就可以了解长期的理性投资方法。频繁的买卖交易可能会使你错失市场上行机会。与其试图把握市场时机（预测股市的涨跌来赚钱的投资），还不如留在市场上能获得更好的成果。这意味着一旦进行了投资，长期持有能够带来回报。在市场上错过几个高收益日，会对长期投资回报率产生重大影响。

表4-7　对比错过涨幅最高的5天、30天时的长期投资业绩

	从1987年12月31日至2015年3月31日的总收益率	错过最好的5天时的总收益	错过最好的30天时的总收益
法国CAC 40（TR）	1 063%	624%	74%
德国DAX（TR）	1 097%	654%	68%
富时100（TR）	999%	640%	141%
恒生（PI）	981%	457%	−1%
日经225（PI）	−11%	−46%	−87%
标准普尔500（PI）	737%	455%	72%

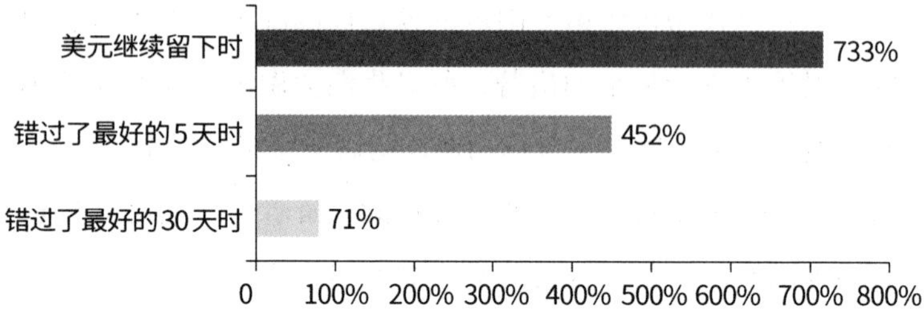

图4-2　错过标准普尔500指数的上涨率最高的
30日时的结果比较（1988—2014）

*资料来源：Datastream，Fidelity Worldwide Investments，2015年1月为准。

第四个投资原则，充分利用节税产品

投资是不确定的，但如果利用法律规定，节税就可以确定下来。我们要优先选择可以合法省税的产品。我已经在前面解释六大退休产品的同时，介绍了节税方法，希望大家可以多利用。

此外，对于老年人或残疾人，加入免税综合储蓄，最高可获得5 000万韩元的金融收入免税福利。对此请务必咨询有交易往来的金融机构。每个人可享受的免税优惠最高达到5 000万韩元，相当于老年（或残疾）夫妇可以针对金融总资产1亿韩元所发生的金融所得享受免税福利，如果以年利率3%经营时，可以实现每年46.2万韩元的节税优惠。

属于这种情况的人，可以针对每个预期回报率高的产品指定5 000万韩元的免税额度来获得更高的节税优惠。请在加入产品时，注意指定免税细节。[56]

此外，从2016年开始，即将推出本金最高3 000万韩元的海外股票基金免税产品，如果本来就有计划加入海外股票基金，那么建议你选择免税产品，以增加税后回报率。

可以用铲子干的事，非动用锄头不可吗？打造保障性保险存折

谁的人生都有可能遇到突如其来的不幸，而这些不幸不可避免地伴随着额外的财政支出。例如，自己或家人突然生重病或遭遇意外事故，那么不得不花费一大笔资金，例如住院费或协议费用等等。如果你是四十多岁或五十多岁的人，本身就为每月的子女教育费或住房相关费用而感到压力大，再加上这种意外，不得不说会因此而遭受巨大的经济打击，一时间难以恢复。

建议大家将税后收入的5%～8%留作保障性资产，以应对紧急情况。这是提前准备突发事件的明智做法。假设每月税后收入为300万韩元，在15万～24万韩元的保障资产购买预算范围内，为了自己和家人，按照保障的类型和范围，可以加入保障性保险。“明智的人不仅根据眼下要支付的保费，

还根据未来负担的支付总额来决定是否签合同。”

一份保障资产组合方案，就可以以最小的成本获得最大的收益

用铲子即可的事，非得拿锄头来干的人相当多。为了每月节省少量资金，一次性花掉一大笔钱的人比比皆是。拿月收入的5%～8%便足以解决的事情，不应该花掉年薪的几倍。一句话，这是贪小失大的典型例子。

月收入的5%可以看作是一个铲子，而年薪的几倍，可以看作是锄头。本来用铲子就可以堵住，却非得等到危险发生后，才试着拿锄头去堵，结果会怎么样呢？这种做法，很可能会把你之前积累的资产一次性耗尽，筹集资金的系统也可能因此而崩塌。

我想给那些已经开始管理核心资产的朋友们提个建议，制作一个资产保障存折，以达到保费和保障的平衡关系。

其实就是将你当前加入的所有保障性保险明细整理到一个文件内，去掉不需要的部分，填写必要的部分。彻底检查是否有遗漏的风险因素、是否重复加入特定疾病而浪费保费、是否因为过多的保费而影响到其他资产管理等，建立良好的资产保障组合方案，这才是安全而优秀的资金管理体系。

如果一直未加入保险，一旦发生意外，就无法弥补将来

的损失，一家人都会因此而陷入绝境。最好通过专业的规划师进行详细咨询，选择适合你和家人现状的产品。

此外，建议将保障资产评估为解约后可领取的退款，标注在主要存折清单上。你可以直接委托你加入的保险公司或在该保险公司网站上核实身份后确认解约该保险时可领取的退款（由其可保障性而产生的无形资产价值，可以暂时保留不做评估）。将包括保险类型和保障明细的资产保障组合方案，必须整理成一个文件，至少每年审查一次，以确保保障是否现实。如果不切合实际或覆盖范围重复，有必要修改保险。

如果人生按计划顺利进行，该有多好？当我们忽视了那些看不见的风险因素，直到面对意想不到的突发事件时，才会意识到自己一直以来多么粗心大意。为了应对风险因素，我们需要支付最低的成本来创建适合自己财务状况且强大的保障之网。

百岁时代，
实损给付型医疗保险是必不可少的

实损型医疗保险是保障在医院接受治疗时发生的医疗费用的产品。如果你不是钱多得一辈子够吃够花的富豪，那么，作为第一份保险，强烈推荐实损型医疗保险。如果你还年轻，或许会想，“我这辈子会去医院几次呢”，但是，如果你查查韩国人的平均医疗状况，就会发现他们去医院的次数

远远超过了想象，而且支付的医疗费用相当多。[57]

如果是花钱少的疾病或伤害事故，对你的财务不会产生太大影响，但是如果患上了治疗费用昂贵的疾病或发生花去大笔钱的事故时，可能会严重威胁到你的资金管理系统。此时，对你来说，实损型医疗保险才是必不可少的保险。原因是此类保险可以报销你所支付的医疗费用。

有些人认为治疗费用小，嫌拿收据麻烦，对自己好像帮助也不大。但是，保险理赔的时效是两年，所以每年的医院账单收据可以攒下来，到了年末一次性理赔，就能拿到大于期待值的保险金，积少成多是不容小觑的。就像你为了年终结算，平时攒下所有医疗费用的收据一样，门诊医疗费用也应该以同样的方式进行管理。

近年来，由于人口的快速老龄化和平均死亡年龄的上升，老年人的医疗费用对任何人都是一个沉重的负担。因此，在选择保障医疗费用的实损型医疗保险时，最好选择可保障到100岁的产品。这是因为往往在70岁之后，会集中产生医疗费用。

需要高额治疗费用的三大疾病，用实损型医疗保险来补充

如果你已经加入了实损型保险，现在有必要针对需要高额治疗费的疾病进行确认。典型的疾病是癌症、脑卒中、急

性心肌梗死。分析韩国人的死因，发现大约一半的死亡都是因这三种主要疾病造成的。可见这三大疾病的发病率非常高。[58]

重要的是，这些疾病不仅危及生命，同样还对一个家庭的资金管理系统也会带来致命的影响。为了治病而使用各种新技术、新开发的药物、使用不适用于国民健康保险的高额设备，从而产生了巨大的医疗费用，不仅如此还会造成收入损失，当治疗周期长时，还会因为无法负担医疗费用而面临医疗破产。

特别是家族中有三大病史，癌症、脑血管病、心脏病的人应该特别小心。集中保障这种致命疾病的产品中，较为著名的是CI（重大疾病，Critical Illness Insurance），保险。CI保险是一种终身（定期）保险，当发生癌症、心肌梗死和五大器官移植手术等需要花高额治疗费的致命疾病时，只需预付死亡保险金的50%～100%，死亡时再支付余款。

但问题是，当发生三大疾病和类似疾病时，CI保险是领保险金不易，而该缴纳的保费还不低。这是因为它们的发病率高，且报销时加上了很多苛刻的条件。

那该怎么办？我的建议是，如果你家族中没有三大疾病史，那么从实损型医疗保险产品中选择有关重要疾病的特约产品来做补充，用它来完善三大疾病的保障。实损型医疗保险产品是保险购买排名中的第一位。无论是保费还是领取保险金方面，它都会比加入CI保险更有优势。即把癌症、脑卒中、急性心肌梗死的诊断费用等追加到实损型医疗保险中。在实损型医疗保险中，只要被确诊为相关病名，即可领到保险金，可以将因致命疾病造成的经济损失降到最低。当然，如果你因家族病史而担心，而且想获得更多保障优惠，也可以在CI保险中选择有竞争力的产品。我只是在考虑你的钱包，因此帮你排好了优先顺序而已。

用最低成本准备
最低安全保障——死亡保险

完成了优先顺序排名第一的实损型医疗保险的加入和对高额治疗费的准备工作，下一步，我们该加入什么类型的保险产品呢？

当作为经济支柱的一家之主突然死亡时，至少可以用死亡保险作为一份保障来留给家人。可以领取死亡保险金的保险产品，保护了很多失去亲人的家庭，它可以分为终身保险和定期保险。

单从保障需要角度来说，考虑到子女教育资金、结婚资金、配偶的退休资金、贷款等，死亡保险金需要很大一笔钱，问题是死亡保险的保费比任何其他保险都要便宜。对于普通人来说，以最低成本准备死亡保险金非常重要。

终身保险在三四年前还很流行，不过，如果你没有足够的经济来源，那么建议你选择定期保险，这是一种纯粹保障性保险，一直到子女独立为止都会提供死亡保障。当然，如果你有足够能力储蓄，或许更适合选择有退款并保障终身的终身保险。不过，如果你现在为买房、为准备晚年生活而过着拮据的日子，那么你适合选择定期保险。因为它可以以最低成本在最需要的时间为你提供保障，实现以最低费用应对风险。

保障资产的保险是人生中不可或缺的安全装置，它能保护我们的宝贵资产，当我们无法进行经济活动时，还能获得补偿。虽然不是看得见的资产，但是它为准备投资资产和退休资产起到了基石的作用。你需要设计适合你和家人，并且保费和保障资产相匹配的保障组合方案。

现在，立即将你之前加入的所有保障性保险明细整理成一个文件。你要建立属于自己的资产保障组合方案。将保险证书、合同以及条款都纳入一个组合文件中，和保险专家商量，彻底确认有没有遗漏的风险因素、有没有重复加入特定疾病而浪费的保费、有没有因过多的保费而给其他资产管理产生影响等。准备好必要的保障细节，你的生活基础会变得更加牢固。

结 尾

你想保护
什么样的人生？

你为什么而活？我认为，人生就是不断回答这个“为什么”的过程。通过回答“为什么”，找到工作的理由，也就决定了将来做出什么样的选择。

所有选项的集合才是人生，因此，“为什么”这一基本问题就显得十分重要。买房子、加入退休储蓄、获得贷款、赠与子女等等与金钱有关的选择背后，隐藏的是它的价值体系。因为我们所相信的、认为正确的价值，都通过选择表达在外。

生活在后现代主义时代的现代人，都在“享乐跑步机”上，沉浸在拥有带来的快乐中而逐步消耗自己的生命。在《物质主义的高昂代价》（*The High Price of Materialism*）一书中，Tim Kasser教授主张，具有唯物主义价值观的人迎来担心、不安、焦虑、低自尊感等人生不幸的危险更大。优先追求挣钱的人，对于拥有物品而获得幸福抱有很大的期待值，因此，会购买各种物品，陶醉在满足感中。

然而，这种拜金主义带来的甜蜜只是暂时的，就像一针吗啡，它会变成债务和精神压力的回旋镖飞回来，最终导致因自己拥有的东西而陷入不幸的结局。要想继续打吗啡，必须延长工作时间，赚更多的钱。

为了拥有更多而欠债，为了还债而增加工作时间，这一过程就像是一个恶性循环，因限制了人的自由意志，而未能选择上帝赠与的幸福。踏上快乐跑步机的人，再也没能下来，永远被剥夺自由。继续跟着跑步机跑下去的话，我（我的才能、意志、精力和自尊感）会消失，取而代之的是为维持所购买的东西而苟且偷生的自己。

| 关注您的真实需求 |

现在，该从错误的欲望所引导的选择中解脱出来了。为了内心低语的灵魂和真正的幸福而需要做的，其实并不难。您不必赚很多钱，也不必绞尽脑汁投资获得高收益。当然，人的内心都有贪婪和虚无缥缈的希望，它们与和他人比较的价值观纠缠在一起，让人很难做出正确选择。

此时，“关注你的真实需求”的哲学，会提高你内心的真实声音，帮你抑制内心的欲望，克服攀比的心理，提醒你真正想保护的人生是什么样的人生，为什么要做这种选择。当你遵循“关注您的真正需求”的哲学时，证明你真正做好了准备守护自己的人生。希望你不要再为实现社会提示的目标而工作，而是为了自己和家人的真正需求而活。

我们总以为做好理财投资，才能过上我们深爱的家人和我自己想要的人生。这是错误的。这种错觉只会让你追随金钱，而不能保护人生。保护我的家人和我的人生，的确需要金钱，但是金钱并不是最重要的。

因此，重要的不是多挣钱，而是好好管理流入我们人生中的金钱。不是要成为富人，而是要创造需要的钱，这才是真正的理财投资。当你一步步踏踏实实地管理财务时，短期的变化或许微不足道，但是到了某个转折点，财务幸福的大门一定会为你敞开。

我很感激自己获得了很多机会。写这本书的过程中，我摆脱了金钱获得了自由，也因此有机会向读者们送出礼物——“不再为钱发愁而获得自由的时间”。我也感激自己不是全职作家。通过我所从事的工作，拥有了全职作家所无法获得的现场经验，还能和读者们分享生动的理财案例。当然，我写这本书的灵感来自我的优秀导师，而能够遇到导师的幸运也是来自我这份工作。

在工作中支持我的人实在太多。我想借这个机会，感谢SC第一银行的朴宗福行长和帕特里克专务在内的零售业务经营团队（Retail Business Member Team，简称RBMT）。有了行长和本人所属的RBMT的关心和照顾，我才能够完成好的文章。我还要感谢茶山图书出版社的金善植社长，感谢他从物质和精神两方面支持我坚持的十二年的作家生活。我还要感谢负责本书编辑工作的奉善美代理。更要感谢十二年以来支持我的读者们。没有读者的鼓励和支持，我很难坚持走到这里。

另外，还要感谢我的家人。在贤和相贤两个儿子和妻子贤淑，他们是我最重要的家人。他们知道这本书问世之前都经历过什么。尤其是，本书涉及子女教育，如果没有两个儿子和妻子，完成这本书是不可能的。作为一个不称职的家长，再次感谢我的家人。最后，要把所有荣誉先给赐予智慧和洞察力的上帝。人的智慧是有限的，但上帝的能力是无限的。

[1]

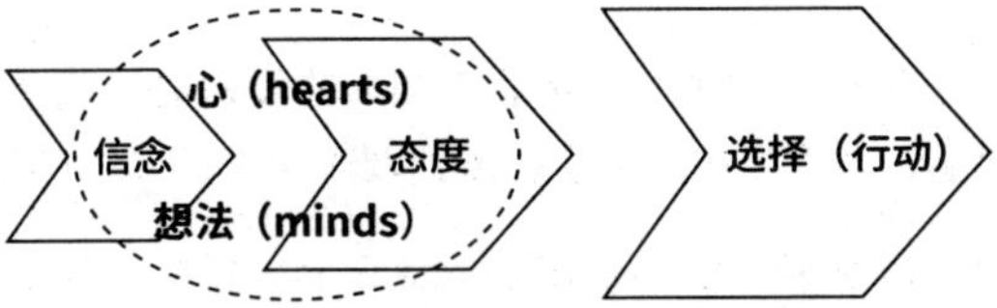

图附1

选择的心理过程为“信念→态度→选择”。信念是指相信某个对象是事实。而这些信念聚在一起，形成态度，并通过这种态度，发生行为。态度是指，对某一对象持续性地抱有的某种感情，比如，否定、肯定的感情，喜欢或不喜欢的情感。态度是由信念汇集在一起形成的，并形成了一个偏好体系。态度不是与生俱来的，而是后天习得的，主要是在他人、大众媒体等环境以及个人的主观经验的影响下形成的。

[2] 影响心理的要素

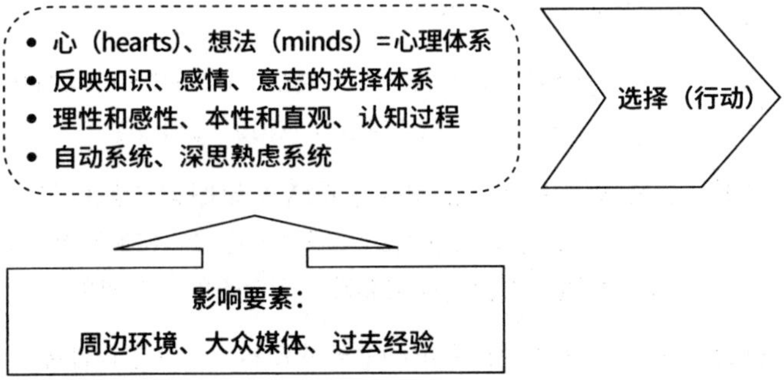

图附2

[3] “选择性地信息搜索”是指寻找与行动一致的信息。通过将事

物与知识或经验关联起来或理解所感知的事物，对事物进行心理感知的心理过程。例如，吸烟者明知吸烟不好，但还是会去找吸烟不太有害健康的信息。

[4] “只要点击就……规模达1 400亿韩元金融传销被取缔”“韩联社”2012年11月26日。

[5] 实际上没有任何生意，用后来加入的投资者的钱还先加入的投资者的本息金的一种金融传销欺诈手法。

[6] 过度自信偏差（Overconfidence Bias）是指，过高评价自己的能力，相信自己的选择出现错误的可能性很低，并做出判断和决定的现象。认为自己拥有的信息或知识超过了他人，高估收益而低估投资风险。

[7] 《男孩终将成为男孩：性别、过度自信和普通股投资》（*Boys will be boys: Gender, Overconfidence, and Common Stock Investment*），布拉德·巴伯（Brad M. Barber），特伦斯·欧丁（Terrance Odean）。

[8] W. 萨缪尔森（W. Samuelson）、R. J. 泽克豪森（R. J. Zeckhauser），《决策中的现状偏见》（*Status Quo Bias in Decision Making*），1988。

[9] 《思考，快与慢》，丹尼尔·卡纳曼（Daniel Kahneman），李真元译，Gimm-Young出版社，2012，181页。

[10] “智慧人家中有宝物和油，愚昧人却把这些都吞了。（箴言21：20）”这是有关储蓄的《圣经》经文。按照现代的新翻译是指，智慧的人会为未来储蓄，而懒惰的人会浪费它。

[11] 根据兴士团透明社会运动总部的资料，以首尔首都圈6 000名小学、初中、高中学生为对象进行的伦理意识调查显示，小学生的12%、中学生的28%、高中生的44%回答说“如果给

10亿元，选择犯错坐牢”。

[12] 伊斯特林悖论（Easterlin Paradox）是指，幸福随着收入的增加反倒停滞不前的现象。美国宾夕法尼亚大学经济学家理查德·伊斯特林（Richard Easterlin），1974年发表了一项关于收入与幸福感之间相关性的研究结果，为了有助于普通民众理解，其中利用了一个“成功商人和渔夫的对话”的故事。二战后，伊斯特林对30多个国家和地区进行了广泛的调查，其中包括了社会主义国家、资本主义国家。结果发现，当收入超过一定水平时，财富的增加不再与幸福指数成正比。作为证据他提出，在瓦努阿图、孟加拉国等贫穷国家，人民的幸福指数较高，在美国、法国、英国等发达国家，幸福指数反而低。他还举例说，日本战败后创造了巨大的财富，然而幸福指数却相对较低（参考《时事常识百科全书》）。

[13] 未来资产退休养老金研究所资料。

[14] 附有条件的赠与是一种以承担债务为条件赠与物品所有权的方式。作者所指的“附有条件的赠与合同”的概念是，父母继续持有（以签名赠与的形式，表示父母过世后将物品转让给子女）物品，并且与子女诚信约定，转让资产使用权的方式。

[15] 还清孩子的贷款属于赠与税缴纳对象。因此，直接支付孩子的贷款，足以成为征税对象。但是如果子女为还贷而陷入困境时，在合理范围内支持子女的生活费是可以的。

[16]“我家大儿子喝醉了‘连爸妈都不认’”，《韩民族日报》，2012。

[17]《节俭是一种习惯》，千奎升，academybook出版社，2006。

[18] 同上。

[19] 兴士团透明社会运动总部进行了一项问卷调查，提问“如果

给10亿元，可以选择蹲监狱1年吗”，结果，小学生的12%、中学生的28%、高中生的44%回答说“可以”。

[20]

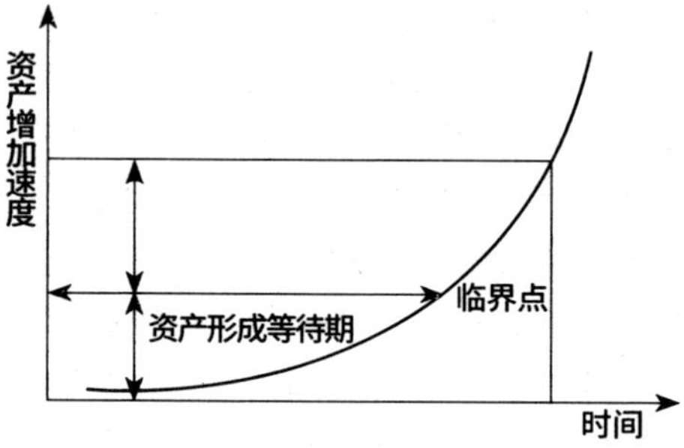

图附3

[21]《孩子们，这样挣钱，这样花吧》，咸勇秀，《东亚日报》，2007。

[22] 同上。

[23] 女子会在12岁时举行成年仪式，并称之为bat mitzvah。“Bar”是指男子，“Bat”是指女子，“mitzvah”是指诫命(commandment)。犹太人的成人礼中含有“遵行上帝之诫命而生下的儿女”的意思。因女子的成长速度快，所以在12岁举行成人仪式。

[24] 当然，按照《塔木德》的传统，犹太人和韩国一样，认为孩子对自己的财务负责的能力是从20岁开始。

[25] 孩子越小，越有可能长期进行积极经营。因此，第二章的请求回报率设为年利率7%。

[26] 希腊语中，“dunamis”是指才能（talent)。Dunamis是指像炸药一样的爆炸力。也许你会认为1塔兰特微乎其微，实际上它相当于33 kg黄金，按每克40美元计算时，相当于一个成年人20年的年薪，是一笔惊人的数目。

[27] 基本需要

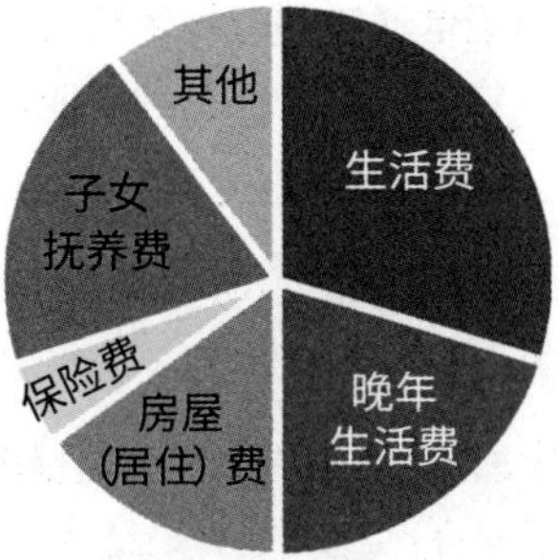

图附4

[28] 这就是连接金钱和梦想的第一个任务。为了实现你的愿望，需要一个不怕千辛万苦继续拼命努力的过程。你必须付诸行动，必须努力奔跑，必须完成比别人多两倍，甚至三倍日程的工作。

[29]

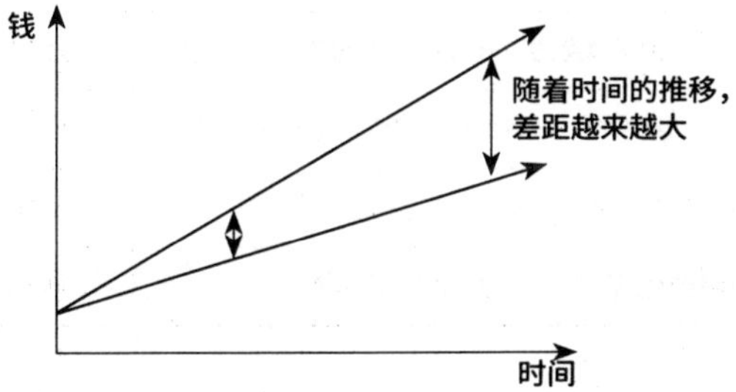

图附5

[30] 之所以列举详细的支出项目，是想让阅读这本书的读者们也一同检查每一项支出项目，以适用于各自的情况。现实是残酷的，每到月末，就会收到各种账单、请款、自动转账贷款和培训机构的发票。通过这本书，希望大家腾出时间来整理一下收入和支出。

[31] *Die Broke*，马克·莱文，斯蒂芬·M.波伦，卢慧淑，hainaim出版社，2009。

[32] 如果你用的是智能手机，建议利用自动记账功能。先设置一下信用卡使用金额，并直接用短信通知到智能手机后，将其连接到网站提供的记账本上，它还有锦上添花的功能，能够按项目管理支出。

[33] *Nudge: The Final Edition*，理查德·塞勒（Richard H. Thaler），安真焕译，Readers book出版，2009，172页。

[34] 不同目的所对应的“先储蓄再支出生活费”的现金流量表

表附1　不同目的所对应的“先储蓄再支出生活费”的现金流量表

收入现金流小计 （假设税前月工资为440万韩元、社会保费和国民养老金源泉征税为40万韩元）		
收入	1月税后工资	400万韩元
	ISA、养老金储蓄（月收入的20%）	−80万韩元
	房贷本息偿还（月收入的20%）	−80万韩元
	投资资产（子女抚养资金，月收入的5%）	−20万韩元
	保险账户（3个，5%分配）	−20万韩元
收入－强制性储蓄额=可作为生活费支出金额		200万韩元

[35] 长期住房按揭贷款属于下列任何一项的情况下，长期住房按揭贷款的利息偿还额的收入扣除额将以下列金额为扣除限额，而不是每年500万韩元。

表附2　长期住房按揭贷款情况汇总

类　　别	扣除限额
① 还款期限在15年以上的长期住房抵押贷款，A以固定利率方式支付利息，B以本息等额分期还款方式还贷款时：15年以上+（A+B）	每年1 800万韩元

续 表

类　　别	扣除限额
② 还款期限在15年以上的长期住房抵押贷款的利息，A以固定利率方式支付，B以本息等额分期还款方式还贷款时：15年以上+(A+B)	每年1 500万韩元
③ 还款期限在15年以上的长期住房抵押贷款的利息，A以固定利率方式支付，B以本息等额分期还款方式还贷款时：10年以上+(A+B)	每年300万韩元

所得税法第52条第5款（《税法概论》，林尚烨、郑正云，SKBooks出版社）：有工作收入的居住人、无住房或单身住户的户主（如果住户没有领取收入扣除，则家庭成员中有收入者）为了获得购买标准市价低于4亿韩元的住房而给该住房设置抵押权，并支付向金融公司或住房公积金借到的长期住房抵押贷款的利息时（截至征税期结束时，该家庭拥有两套以上的住房者除外）。

根据该条款，如果你购买标准市价为4亿韩元以下（标准市价为市场价格的70%～80%）的房屋并且仅保留一套房屋（购买当时有两套房的话，到了12月末只留下一套时再适用）时，能够享受的利息收入可扣除优惠最高1 800万韩元、最低300万韩元。理论上，假设年利率为4%的4.5亿韩元贷款的利息偿还额（4亿5 000韩元×4%=1800万韩元），可以从您的收入中扣除。如果所得税税率为6.6%～41.8%，意味着你可以获得118万～752万韩元的现金退税。最高可节省41.8%的贷款利息。顺便说一句，要想获得最高扣除额，贷款期限必须为15年以上，贷款利率必须为固定贷款，还款方式必须为等额本息分期还款方式。

[36] 国民住房规模住房租赁（所得税法第52条第4项）：截至征税期结束时，无住房家庭的户主（如果该户主未获得收入扣除，

则家庭成员中有劳动所得者）为了租赁国民住房规模的住房（含商住房）而支付住房租赁资金贷款的本息偿还额。

[37] 超低利率时代过后，存款利率大概在三年内跌破了一半。

图附6　2015年4月定期存款利率为韩国SC银行第一定期存款（12个月，单一TD标准）

[38]

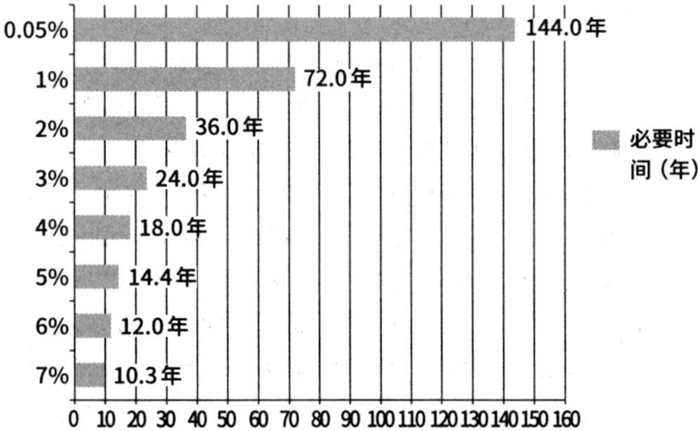

图附7　钱翻番所需要的时间

[39] 根据韩国政府官方公布的资料，当你从20岁到60岁缴纳40年的国民养老金时，国民养老金的所得替代率为40%。但如果根据实际的工作年限和国民养老金缴费年限，保守计算国民养老

金的所得替代率时，估计是20%～25%。此外，70岁的老人拥有3亿韩元房子时，每月可领取的住房养老金约为100万韩元，也就是说，通过房子可以获得约20%的所得替代率。

[40] 上述公式是以非常保守的观点考虑国民养老金和退休养老金的所得替代率的。根据某研究院的实际研究数据，韩国普通劳动者的国民养老金的所得替代率为22.8%，退休养老金为12.6%以上。

[41] 现在在国外打工的人很多，中途解约国民养老金而拿回去的人颇多。我认为大家在解约之前有必要再斟酌一下是否继续缴纳国民养老金。

[42] 不同出生年份的养老金领取起始年龄（资料：国民养老金）

表附3　不同出生年份的养老金领取起始年龄

出生年份	1953～1956年出生	1957～1960年出生	1961～1964年出生	1965～1968年出生	1969年后出生
养老金领取起始年龄	61岁	62岁	63岁	64岁	65岁

[43] 自愿加入国民养老金时，不同的缴纳期间和保费所对应的养老金领取金额

表附4　不同的缴纳期间和保费所对应的养老金领取金额

加入期间 / 保费	缴纳10年时的月领取金额	缴纳20年时的月领取金额	缴纳30年时的月领取金额
89 100韩元	164 800韩元	312 670韩元	456 760韩元
158 400韩元	208 830韩元	396 210韩元	578 800韩元
207 000韩元	239 710韩元	454 800韩元	664 390韩元

保费 \ 加入期间	缴纳10年时的月领取金额	缴纳20年时的月领取金额	缴纳30年时的月领取金额
252 000韩元	268 310韩元	509 050韩元	743 640韩元
337 500韩元	322 630韩元	612 130韩元	894 220韩元

备注：① 每月领取金额以现值计算，在领取养老金时反映通货膨胀率，因此，远高于此。
② 假设每笔养老金金额为2012年1月加入。

[44] 当绩效奖金支付到退休养老金（DC）账户时的福利。

表附5　绩效奖金支付到退休养老金账户时的福利

分类	绩效奖金	
	存入工资账户时	作为退休养老金（DC）储蓄时
税收优惠	适用勤劳所得税（6.5%～41.9%）	适用退休所得税（3.8%～13.2%）退休收入，可节省约2.75～28.6%的税款
社会保险优惠	国民养老金·雇佣保费包括在本人负担项内	国民养老金·雇佣保费从本人负担金额结算中除外（不过就国民养老金而言，截至2015年，年度纳税总额超过5 052万韩元的人无优惠）

[45] 加入Super annuation的澳大利亚上班族，每年一拿到绩效奖金，就会额外追加到养老金上。Super annuation的基本框架是要求雇主负担员工工资的9.25%（计划分阶段增加）作为养老金。他们坚信退休养老金就是退休账户。澳大利亚的退休养老基金从1992年的1 600亿美元（占GDP的37%）迅速增长到了2012年的14 000亿美元（占GDP的90%），帮助澳大利亚人为退休做好准备。

[46]《所得税法执行令》第38条第2款。这可能会根据公司的退休养老金累积规定而不同，因此请向人力资源和劳动科查询。

[47] 表附6 住房养老金加入条件

住房养老金加入条件	
年龄	60岁以上的住房所有者
所持有的住房数量	1套住宅或多套住宅
住宅价格	市值9亿韩元以下
是否居住	实际居住

[48] 住房养老金是韩国住房金融公社实施的制度，农渔村公社也在实施一种类似的农田养老金制度。65岁以上的高龄农民将农田作为抵押物委托给农渔村公社后，每月以养老金形式领取稳定的退休生活资金的制度。例如，如果70岁的农民以公示地价2亿韩元的农田为抵押加入农田养老金，每月可领取82万韩元的养老金，还可以通过直接在农田耕种或租赁方式获得额外收入。不过，必须满足从申请农田养老金之日起，有至少5年的耕种经历，该经历不必一直持续到申请日，只要在整个从事农业活动期间累计超过5年即可。欲了解更多详情，请访问韩国农渔村公社农田养老金门户网站或咨询农田养老金客服中心（1577—7770）。

[49] 表附7 不同年龄段领取的养老金

年龄	1亿韩元	3亿韩元	5亿韩元
60岁	23万韩元	69万韩元	115万韩元
70岁	33万韩元	100万韩元	167万韩元
80岁	52万韩元	156万韩元	261万韩元

[50] 对于住房养老金的保障功能，每年除了贷款利息以外，还会核定年保证金，并将其增加到贷款金额上。每年的保证金是

养老金支付总额的0.75%，如果你每月领取100万韩元的住房养老金，那么第一年是1 200万韩元的0.75%，即9万韩元，第二年则是2 400万韩元的0.75%，即18万韩元会加到贷款额上。加上贷款额上的每年保证金，将在配偶双方死亡当年，与之前已支付的养老金总额一同，按贷款本息进行结算。

[51]《不孝子预防法》是指，法律规定当财产捐赠给子女后，子女忽视了对父母的赡养义务时，可以依法追回赠与的财产。

[52] 在统计学上，投资风险是用标准差来测量的。假设你有一只股票型基金，年预期回报率为7%，年标准差（风险度量）为30%。由于概率分布，股票型基金的年收益率介于−23%（7%−30%）至37%（7%+30%）之间。如果你选择了好的投资时机，可以获得37%的高回报，但如果撞到了低点，则可能会收到 −23%的回报。当然，也有可能会出现−23%到37%之外的收益率。你可以把它理解为概率上的正态分布。

[53] 要在降低风险的同时，增加收益。

图附8显示了从1997年至2014年KOSPI指数的表现。

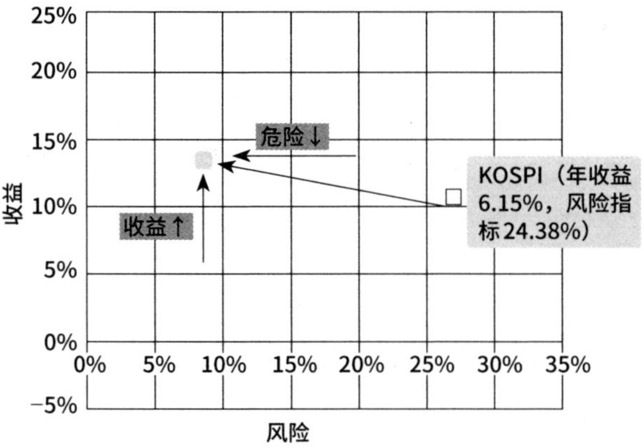

图附8

[54] 韩国资本市场在全球的份额约为2%（美国约为37.4%、中国约为7.8%、英国约为5.5%、法国约为2.9%、德国约为2.8%、印度约为2.5%）。因此，固守韩国市场，等于忽略剩下的98%的投资机会。

[55] DALBAR机构的研究结果《第20次投资者行为量化分析》表明，陷入高回报的诱惑而频繁交易如剧毒（非理性投资者）。根据位于美国波士顿的DALBAR机构对投资者行为的量化分析资料显示，在过去的20年里，美国的代表指数标准普尔500指数以年均9.2%的速度上涨，而投资者的年平均回报率仅为5%。20多年来，普通投资者比大盘落后了4.2%左右。回顾过去30年或10年，结果仍然一样。2013年美股出现超强势头时，回报率差距更大。其理由在于，投资者不断重复着错失良机的行为。

此外，根据DALBAR机构的研究，在股票回报率好的月份，流入股票基金的资金反而会有减少的倾向。

投资从众心理的最大的问题在于投资者高价买进低价出售。而且，由于损失带来的痛苦比利益带来的快乐大两倍，因此，投资者总是想方设法避免损失。

图附9　三次行权（Strike）后抛售的投资者心理

*资料：Datastream，2015年6月为准。

[56] 利用免税综合储蓄（1954年之前出生的人，5 000万韩元以下免税）

生前

- **民生储蓄：**免利息、股息所得税
  -60岁以上老人、残疾人、独立有功者等：最高为3 000万韩元
- **税收优惠综合储蓄：**利息、股息收入单独征税9%
  -20岁以上的加入者：最高1 000万韩元
  -60岁以上老人、残疾人、独立有功者等：最高为3 000万韩元

现行

- 更名为**"免税综合储蓄"**并加强支持
  -60岁以上者、残疾人、独立有功者等：最高为5 000万韩元
  - 2015年至2019年，分阶段提高（每次增加1岁）
- **适用期间**：截止到2017年12月31日加入

税收优惠综合储蓄·民生储蓄综合设计

图附10

[57] 国民健康管理公团公布的韩国人的平均医疗状况

表附8　国民健康管理公团公布的韩国人的平均医疗状况

一生去医院看病次数	2 509次
韩国人一生医疗费	7 734万韩元
本人负担费用（实际支付的治疗费用）	2 761万韩元
64岁以后发生的医疗费用	3 826万韩元

[58] 根据韩国国家统计局发布的“2014年死因统计”数据，在死亡总人数267 692人中，因癌症、心脏疾病、脑血管疾病死亡的人数占47.6%，比上一年增加了0.3%。

表附9　韩国人的三大死亡原因

死亡原因	死亡人数（人）	构成比例（%）
癌症	76 611	28.6
心脏疾病	26 588	9.9
脑血管疾病	24 486	9.1